Beate Brielmaier

KINDER-BIBELTAGE

Neue Wege zu wichtigen Geschichten

HERDER

FREIBURG · BASEL · WIEN

www.herder.de

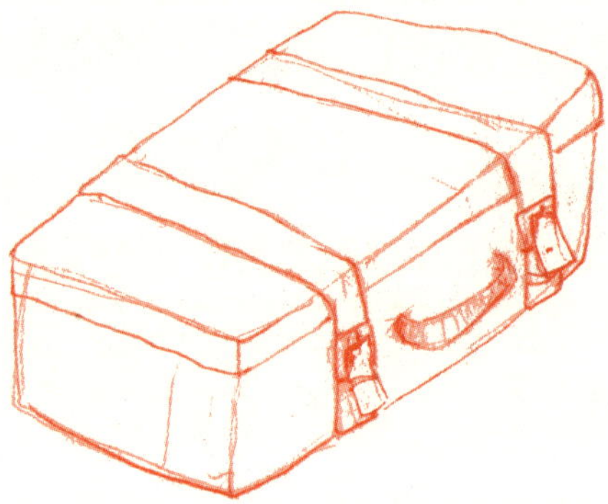

Mit Illustrationen von Bernadette Trost, Freiburg
Gesamtgestaltung: Weiß – Graphik & Buchgestaltung, Freiburg
Titelbild: © Jörg Seemann, 72669 Unterensingen (Tel. 07022/90 37 63),
freischaffender Künstler, Graphiker, Galerist in Frankfurt am Main

Herstellung: J. P. Himmer, Augsburg 2006

Gedruckt auf umweltfreundlichem,
chlorfrei gebleichtem Papier
ISBN-13: 978-3-451-28971-2
ISBN-10: 3-451-28971-7

INHALT

VORWORT

Es macht Freude, mit Kindern biblische Geschichten zu gestalten. Wer Kinderbibeltage oder Kinderbibelwochen erlebt hat, weiß, wovon die Rede ist. Voraussetzung für eine gelingende Arbeit mit Kindern und der Bibel ist eine gute Vorbereitung. Mitarbeiterinnen und Mitarbeiter müssen sich einig sein über Thema, Ziele, Methoden und Material.
Das vorliegende Buch bietet konkret ausgearbeitete Vorlagen für die Gestaltung von Kinderbibeltagen oder Kinderbibelwochen. Die Umsetzung solcher Tage ist in ganz unterschiedlichem Umfang und Zusammenhang möglich:

- Kinderbibeltag oder Kinderbibelwochenende im Rahmen der Erstkommunionvorbereitung (katholische Kirche) oder zur Vorbereitung auf das Kinderabendmahl (evangelische Kirche) zum Thema Mahlgemeinschaft.
- Kinderbibeltage (3–5 Tage) oder Wochenendangebote, die sich mit einer biblischen Geschichte beschäftigen (Rut).
- Thematisch orientierte Tage, die unterschiedliche Bibeltexte integrieren (Taufe).

Einsatzmöglichkeiten

Kinderbibeltage oder -wochen finden häufig im Rahmen des Gemeindelebens vor Ort statt. Weitere Einsatzmöglichkeiten sind Kinderfreizeiten oder Projekttage im Rahmen des Religionsunterrichts.
Die ausgearbeiteten Themen sind folgendermaßen aufgebaut:

SCHRITT FÜR SCHRITT
CHECKLISTE
LIEDER

Viel Freude bei der Arbeit mit Kindern und der Bibel wünscht Ihnen

Beate Brielmaier

TIPPS RUND UM KINDERBIBELTAGE

Wer sich für ein Thema entschieden hat, tut gut daran, sich die biblischen Grundlagen anzueignen. Im ersten Schritt werden dabei die Texte in der Einheitsübersetzung nachgelesen (Alternative: Lutherübersetzung oder Gute Nachricht). Dies ist deshalb wichtig, damit die Schwerpunktsetzungen in den konkret ausgearbeiteten Vorlagen gesehen werden. Außerdem lohnt es sich, mit den Mitarbeitern und Mitarbeiterinnen ein Gespräch über den Bibeltext und seine Bedeutung zu führen. Dabei soll unbedingt bedacht werden, was der Text den einzelnen Mitarbeitern und Mitarbeiterinnen bedeutet, was ihnen wichtig ist …

Überblick verschaffen

Wie oben beschrieben, ist das Raster wie ein Wegweiser durch den einzelnen Entwurf. Dabei klären die Mitarbeiter und Mitarbeiterinnen, welche Teile vom Entwurf übernommen werden, was der Ergänzung oder Veränderung bedarf. Wichtig hierbei sind klare Entscheidungen und konkrete Vereinbarungen.

Details planen und Aufgaben verteilen

- Wer in der Kinderbibelwoche Stress vermeiden will, sollte gut planen. Eine strukturierte Vorbereitung erleichtert die Arbeit.
- Zeitplan für die Vorbereitungszeit aufstellen.
- Mitarbeiter suchen mit klaren Aufgabenumschreibungen (z. B. Material beschaffen, Kleingruppe leiten, beim Puppenspiel mitspielen, Küchenteam …). Je genauer und überschaubarer die Aufgabenumschreibungen sind, desto eher finden sich Menschen, die mitarbeiten.
- Vorbereitungstreffen gut strukturieren, genaue Zuständigkeiten klären (dabei helfen die Listen aus dem Bereich Schritt für Schritt).
- Werbung (Wie, wo, wer?); hilfreich ist es, in Schulen zu gehen. Gesichter bewirken oft mehr als Papier.
- Material rechtzeitig besorgen oder herstellen (Checklisten).
- Räume herrichten.
- Nachtreffen für die Leitung einplanen (Reflexion, Dank).

Liederheft

Lieder sind elementar für gute Kinderbibeltage. Neben den speziellen thematischen Liedern, von denen einige im Buch abgedruckt sind, braucht es einen Fundus an weiteren Lieder.

Öffentlichkeitsarbeit und Dokumentation

Sie kann über Zeitung, Gemeindeblatt, Kirchenblatt … Interesse an dem Projekt Kinderbibeltage wecken und die Bevölkerung, Gemeinde … informieren und teilhaben lassen. Je nach Zeitbudget kann die entsprechende Homepage „gefüttert" werden, eine Bilder-CD entsteht …

Essen und Trinken

stehen nicht im Vordergrund der Kinderbibeltage, es sei denn, es ist Teil eines Themas. Doch eine gute Grundversorgung steigert die Zufriedenheit aller! In 15 Jahren Erfahrung hat sich bewährt:

- saurer Sprudel oder Wasser als Getränk (bei Festcharakter ergänzt durch Saft)
- Obst als Zwischenmahlzeit (wird es vom Küchenteam für die Pausen handlich klein geschnitten, wird reichlich gegessen)
- Mittagessen: wenn nötig, einfaches Essen, viel Nudelgerichte, wenig Fleisch, dazu Salat und Nachtisch (Joghurt, Eis, Obst)

Im Zweifelsfall ein Spiel

Aus verschiedenen Gründen ist es manchmal nicht möglich, das geplante „Programm" zu bewältigen. Wichtig ist es, sich nicht unter Druck zu setzen, um das geplante Ziel zu erreichen. Arbeit mit der Bibel und Kindern hat viel Spontanes in sich. Die Freude muss dabei immer im Vordergrund stehen. Wenn Kinder eine Pause brauchen oder spielen wollen, darf das Raum bekommen.

Mit Freude dabei sein

Die eigene Freude und Begeisterung ist ein wesentlicher Baustein zum Gelingen. Wer nur noch unter Druck ist, soll die Finger davon lassen. Kinderbibeltage müssen nicht jedes Jahr stattfinden. Aber wenn es Kinderbibeltage gibt, darf man den Mitarbeitern und Mitarbeiterinnen anmerken: Sie sind mit Freude dabei.

THEMA:	**MAHLGEMEINSCHAFT ODER: DAS FEST FINDET STATT!** EIN KINDERBIBELTAG IM RAHMEN DER VORBEREITUNG ZUR ERSTKOMMUNION ODER ZUM KINDERABENDMAHL
BIBLISCHE TEXTE:	Das Fest findet statt (Lukas 14,16–24) Vom Paschamahl zur Eucharistie (Exodus 12) Jesus feiert das Mahl (Matthäus 26,20–29)
ZIEL:	Die Kinder befassen sich mit der Art, wie Jesus Mahl feiert. Sie lernen dabei zwei wichtige Texte kennen, die eine Grundlage bilden für ein Verständnis von Eucharistie/Abendmahl. Der Kinderbibeltag dient zur Hinführung auf die Eucharistie/das Abendmahl.
ZIELGRUPPE:	Kinder auf dem Weg zur Erstkommunion oder zum Kinderabendmahl im Rahmen der Gemeindekatechese oder als Projekttage im Religionsunterricht.
GRUPPENGRÖSSE:	bis zu 40 Kinder
MITARBEITER/-INNEN:	Für je acht Kinder eine Kleingruppenleitung, für das Puppenspiel mindestens vier Personen (bei Doppelbesetzungen), separates Küchenteam (für das Mittagessen)
ZEITRAHMEN UND EINSATZBEREICHE:	Kinderbibeltag 9:30 Uhr – 16:30 Uhr Alternativ am Wochenende: Freitag Nachmittag: vier Stunden, Samstag Vormittag oder Nachmittag: zwei Stunden; Abschluss im Sonntagsgottesdienst.

CHANCEN: Das Puppenspiel und die anschließende Gruppenarbeit im ersten Teil laden ein, sich mit den verschiedenen Rollen der Geschichte zu identifizieren. Die gestaltete Festvorbereitung ist ein Lern- und Erfahrungsfeld für eigene Feste (z. B. Erstkommunion oder Kinderabendmahl). Das Essen wird zur gemeinsamen Erfahrung und bietet eine gute Grundlage für das Verständnis der Mahlzeiten Jesu mit den Menschen, damals und heute. Kreativ und spielerisch findet nachfolgend ein Zugang zum Paschamahl statt. Die Kinder können dabei die jüdischen Wurzeln des Christentums ganz elementar an den Speisen des Paschamahls erleben. Im gemeinsamen Tun sehen sie die Gaben auf dem Altar für Eucharistie bzw. Abendmahl.

HINWEISE: Bei diesem Kinderbibeltag ist die gemeinsame Mahlzeit (Mittag- oder Abendessen) von elementarer Bedeutung, da die Gruppenarbeit in der ersten Einheit darauf hinführt. Für diesen Teil ist es wichtig, andere Mitarbeiter/-innen zu gewinnen, damit die Gruppenleiter/-innen frei für ihre Arbeit sind.

MAHLGEMEINSCHAFT ODER: DAS FEST FINDET STATT!

Ein Kinderbibeltag im Rahmen der Vorbereitung zur Erstkommunion oder zum Kinderabendmahl

SCHRITT FÜR SCHRITT

Im Plenum

Nach Lied (z. B.: „Wo zwei oder drei in meinem Namen versammelt sind“), Begrüßung und Gebet wird das einführende Spiel gezeigt. Ideal ist ein Puppenspiel auf einer (improvisierten) Bühne. Dazu werden einfache Stabpuppen angefertigt aus einem Holzstab, einem Styroporkopf und einem Stoff als Körper. Der Stoff wird rund zugeschnitten, über den Holzstab gestülpt und in die Kugel geklebt. Mit Wolle und Filzstiften wird die Figur gestaltet. Als Bühne kann z. B. eine Stange mit einem langen Tuch abgehängt werden. Ist eine Puppenbühne vorhanden, können entsprechende Kulissen gemalt werden. Wichtig ist, dass der Saal abgedunkelt wird und mit Lämpchen nur die Bühne erhellt ist. Das erhöht die Konzentration. Der Erzähler sitzt neben der Bühne an einem Tisch und hat ebenfalls eine Lampe. Die Beleuchtung wird jeweils passend eingeschaltet (Erzähler, Bühne).

Puppenspiel Rollenverteilung

König: ....

Erzähler: ....

Jonas: ....

Lydia: ....

Markus: ....

Peter: ....

Einer: ....

Mehrere/einige: ....

Alle: .... *alle Mitspieler*

Requisiten für das Puppenspiel

Figuren, Netz mit Fischen (Peter), 2 Klemmspots (Bühne), 1 Nachttischlampe (Erzähler), edler Stoff (Lydia), Stoffsack mit Getreide (Markus), Tafel zum Hochhalten, auf der mehrere Leute aufgezeichnet sind (dieselbe Vorlage wie das Plakat für die Kleingruppen).

Puppenspiel zu Lukas 14,16–24

König: Jonas, mein Diener, komm zu mir!

Jonas: Hier bin ich, mein König! Was kann ich für dich tun?

König: Es ist Zeit, dass wir wieder einmal ein Fest feiern. Es soll ein großes Fest werden. Zu diesem Fest möchte ich alle unsere Freunde einladen und die, die mir schon besonders viel Gutes getan haben.

Jonas: Es wird ein Weilchen dauern, mein Herr, aber ich will mich auf den Weg machen und tun, was du mir aufgetragen hast.

König: Nimm eine Tasche mit Proviant mit und das Nötigste zum Übernachten. Ich werde solange auf dich warten.

König verschwindet, Jonas, der Diener, geht los.

Erzähler: Jonas musste ein Stück gehen, dann kam er an ein Haus. In diesem Haus wohnt Lydia, die Händlerin. Lydia hat einen Laden. In diesem Laden verkauft sie schöne Stoffe.

Jonas tritt näher, Lydia hat einen edlen Stoff in der Hand.

Jonas: Lydia, Lydia! König Leo gibt ein großes Fest.

Lydia: Das ist aber schön, endlich wieder ein Fest!

Jonas: Es soll ein großes Gastmahl geben. Wir werden es mit Mühe und Sorgfalt vorbereiten. Wenn alles gerichtet ist, werden wir dich rufen lassen.

Jonas nimmt einen Stoff in die Hand.

Jonas: Du hast ja wunderbare Stoffe.

Lydia: Davon habe ich einst für König Leo ein Gewand genäht.

Jonas: König Leo wird sich sehr freuen, dich wiederzusehen, also, bis dann zum Fest!

Lydia: Ich grüße dich und eine gute Weiterreise!

Erzähler: Jonas ging weiter, bis er zu einem Hof kam. Auf diesem Hof lebt Markus, der Bauer. Markus hat viele Äcker, einen Wald und viele Tiere.

Jonas tritt näher, bei Markus steht ein Sack mit Getreide.

Jonas: Markus, ich grüße dich!

Markus: Wer ruft mich? Ich kenne diese Stimme nicht!

Jonas: Mein Herr, König Leo hat mich geschickt. König Leo will ein Fest geben mit einem großen Gastmahl. Du, Markus, bist eingeladen.

Markus: Welche Ehre!

Jonas: König Leo, mein Herr, hat schon viele Jahre von dir das Getreide bekommen. Er freut sich, dich bei seinem Fest begrüßen zu dürfen.

Markus: Wenn es recht ist, werde ich meine Frau und die Kinder mitbringen. König Leo wird doch nichts dagegen haben?

Jonas: Sei gewiss, es wird für alle reichen. Deine ganze Familie wird satt werden. Und es wird noch viel übrig bleiben. Mein Herr ist ein großer Gastgeber!

Markus: Wann soll das Fest sein?

Jonas: Wir sind dabei, alles vorzubereiten. Wenn das Mahl gerichtet ist, werde ich dich rufen.

Markus: Eine gute Weiterreise! Und bis zum Fest!

Erzähler: Immer wieder kehrte Jonas in Häuser ein, hielt bei Höfen an, traf Menschen, die gute Freunde von König Leo waren. Sie alle lud er ein zum Fest. Es waren viele. Jonas konnte sie schließlich nicht mehr zählen. So machte er sich auf den Rückweg. Kurz bevor er wieder beim König angelangt war, besuchte er noch Peter, den Fischer. Peter hat ein kleines Haus am Fluss, ganz nahe beim Palast des Königs.

Jonas: Peter! Peter, bist du zu Hause?

Peter: Wer ruft mich da und verscheucht alle meine Fische!

Jonas: Entschuldige, Peter, aber der König schickt mich. Ich soll dich einladen. Der König will ein Fest geben mit einem großen Festmahl. Du sollst sein Gast sein.

Peter: Soll ich die Fische für das Fest fangen?

Jonas: Nein, Peter, du sollst wirklich eingeladen sein. Der König schätzt deine Speisen, deine frisch gefangenen Fische. Aber dieses eine Mal darfst du dich bewirten lassen. Du darfst dich setzen und ich werde dich bedienen.

Peter: Wie werde ich sehen, dass das Fest beginnt?

Jonas: Wenn das Mahl gerichtet ist, werde ich dich rufen.

Peter: Es ist mir eine große Ehre, Gast des Königs zu sein!

Jonas: Bis bald, Peter, bis zum großen Fest.

Erzähler: Jonas ging zurück zum Palast. Dort suchte er den König auf.

Jonas: Mein König, ich bin zurück. Ich habe viele eingeladen. Freunde, Bekannte, Menschen, die dir wohl gesonnen sind.

König: Nun sollt ihr das Festmahl vorbereiten. Richtet schöne Tische, festlich gedeckt, mit Blumen und Schmuck. Jeder soll sehen, dass es ein schönes Fest wird.

Jonas: Gerne will ich das tun. Die Köche werden die besten Speisen zubereiten und den Hofsänger und seine Freunde werde ich bitten, ein Festlied einzustudieren.

König: Ja, alle sollen es von weitem hören, dass das Fest beginnt.

Erzähler: Es geschah alles so, wie sie besprochen hatten. In der Küche herrschte ein eifriges Treiben, der ganze Palast des Königs war in Aufregung. Die Köche überlegten, ob alle Speisen recht geraten würden. Beim Richten der Tafel überlegten alle, ob der Platz reichen und jeder den richtigen Nachbarn finden würde. Der Hofsänger studierte eifrig mit seinen Freunden das Festlied ein. Und der König selbst überlegte eine Rede zur Begrüßung der Gäste.

Jonas: Mein König, es ist alles bereitet, das Fest kann beginnen.

König: Nun geh und hole alle Gäste.

Erzähler: Jonas machte sich auf die Reise. Er rief laut durch das ganze Land:

Jonas: Kommt alle herbei, die ihr geladen seid! Der Tisch ist gedeckt, das Festmahl ist gerichtet.

Jonas singt: Wir feiern ein Fest (Kanon, siehe Seite 29)

Erzähler: So gelangte Jonas singend zu Lydia.

Jonas: Lydia, Lydia! Das Fest kann beginnen. Komm und beeile dich, der Tisch ist schon gedeckt.

Lydia: Es tut mir so Leid! Ich muss absagen, ich kann nicht zum Fest des Königs kommen!

Jonas: Wie kann das sein? Ich habe fest mit dir gerechnet. Der König freut sich schon auf dein Kommen.

Lydia: Leider, leider! Die Arbeit ruft! Ein bedeutender Stoffhändler hat sich angesagt. Er will mir noch dieser Tage die schönsten und neuesten Stoffe aus nah und fern zeigen. Ich muss dringend zu Hause bleiben, niemand kann diese Arbeit für mich tun.

Jonas: Du kannst es dir ja noch einmal überlegen. Vielleicht kommt er schon bald, dann kannst du dich noch auf den Weg machen.

Lydia: Ich glaube kaum. Mach dir lieber keine Hoffnungen. Vielleicht ein anderes Mal. Und schöne Grüße an den König.

Erzähler: Jonas war enttäuscht. Ausgerechnet Lydia! König Leo schätzt sie sehr. Sie wird fehlen beim Fest!

Jonas trällert vor sich hin: Wir feiern ein Fest …

Jonas: Gute Nachrichten, Markus!

Markus: Wer ruft mich? *(kommt hervor)* Ach Jonas, du bist es, so ein Pech aber auch.

Jonas: Kein Pech! Gute Nachrichten! Das Fest kann beginnen, du kannst dich mit deiner Familie auf den Weg machen!

Markus: Glaube mir, es tut mir so Leid! Aber das Fest muss ohne mich stattfinden; ich habe gerade die Gelegenheit, einen neuen Acker zu erwerben. Die Einkünfte vom Verkauf des Getreides am Königshof waren gut, sie reichen für einen neuen Acker. Der Acker grenzt genau an unser Ackerland. Diese Woche muss ich alles regeln, bis der Kauf abgeschlossen ist.

Jonas: Vielleicht könnten deine Frau und die Kinder kommen und als Begleiter könntest du einen guten Freund des Hauses einsetzen.

Markus: Das ist nett gemeint, aber meine Familie wird auf keinen Fall ohne mich reisen. Das ist mein letztes Wort. Grüße den König und ich wünsche ein schönes Fest.

Erzähler: Allmählich wurde Jonas ein wenig nachdenklich.

Jonas: Ich weiß auch nicht, keiner will zum Fest kommen. Da kann einem die ganze Lust vergehen.

Jonas trällert: Wir feiern ein Fest, macht sich auf den Weg und gelangt zu Peter, dem Fischer.

Jonas *(ruft)*: Peter, Peter, bist du zu Hause?

Peter: Jonas, bist du es? Komm herunter an den Fluss, ich bin gerade am Bootssteg.

Jonas: Gute Nachrichten, der König schickt mich. Das Fest kann beginnen, der Tisch ist gedeckt. Mach dich auf den Weg.

Peter: Leider, leider, ich muss dich enttäuschen. Gerade eben habe ich ein neues Boot gekauft. Es hat mich viel Geld gekostet. Ich werde sofort ausfahren und Fische fangen. In nächster Zeit werde ich viel Arbeit haben. Einen Teil des Geldes für mein neues Boot habe ich mir geliehen. Ich muss es umgehend zurückbezahlen. Deshalb habe ich keine Zeit auf Festen zu vergeuden.

Jonas: Der König wird sehr enttäuscht sein! Er freut sich schon auf dein Kommen.

Peter: Bestelle ihm schöne Grüße, vom nächsten Fang soll er den schönsten Fisch bekommen.

Jonas und Peter verschwinden.

Erzähler: Ganz gleich, wo Jonas auch hinging, überall nur Absagen. Alle Gäste, die er voll Freude eingeladen hatte, konnten nicht kommen. Jeder hatte etwas Besonderes und etwas Wichtiges vor.

Jonas: Ich werde mich nun auf den Heimweg machen. Seltsam, seltsam! Keiner der eingeladenen Gäste kann kommen. Der König wird enttäuscht sein.

Jonas gelangt zum König.

König: Da bist du ja endlich. Wo sind die Gäste?

Jonas: Mein König, ich muss dich enttäuschen. Keiner der Gäste wird kommen. Alle haben abgesagt!

König: Abgesagt? Zu unserem großen Festmahl? Wie kann das sein?

Jonas: Ich verstehe es auch nicht! Alle haben sich so über die Einladung gefreut. Und jetzt hat auf einmal keiner mehr Zeit. Jeder hat etwas Wichtiges zu tun. Was sollen wir jetzt tun?

König: Das Fest findet statt!

Jonas: Wie soll das Fest stattfinden, wenn keine Gäste da sind?

König: Ich habe eine gute Idee: Geh auf die Straßen und Plätze und rufe alle zusammen, die du dort findest. Ruf, so laut du kannst: Wir feiern heut ein Fest und kommen hier zusammen. Wir feiern heut ein Fest, weil Gott uns alle liebt.

Jonas: Bist du verrückt geworden! Du kannst doch nicht alle Leute einladen, und schon gar nicht die von der Straße. Wer weiß, welch Gesindel da zum Fest kommen wird.

König: Tu, was ich dir sage, es wird ein schönes Fest werden. Man wird noch lange davon sprechen. Und ich glaube, wir werden viel Freude miteinander haben. Lade auch die ein, die keiner haben will, die kein Geld haben, die krank sind …

Jonas: Wenn du meinst! *(geht hinaus und spricht vor sich hin)* Ob das ein Fest wird? Mit all den seltsamen Gästen, die keiner kennt? *(ruft laut)* Eine gute Nachricht, hört alle her, eine Nachricht von König Leo: *(einige Leute kommen)* Der König gibt ein Fest für euch alle!

Einer: Warum ein Fest?

Jonas: Ein Festmahl der Freude! Alle sind eingeladen, auch du! Kommt schnell, das Mahl ist bereitet.

Mehrere: Ein Fest beim König. Das lassen wir uns nicht zweimal sagen. Lasst alles stehen und liegen und nehmt die Nachbarn und Freunde mit. Kommt, wir wollen feiern.

Jonas: Ja, kommt, wir wollen feiern, ein großes Fest mit einem schönen Festmahl. Ihr seid eingeladen zum Fest.

Alle: Wir feiern heut ein Fest. *(1. Strophe)*

Erzähler: Die Menschen strömten von den Plätzen und Gassen, gesunde und kranke, Kinder und Erwachsene, alle kamen zum König. Der König freute sich.

König: Seid herzlich willkommen! Ich begrüße euch zum königlichen Festmahl. Ich freue mich, dass ihr alle gekommen seid. Ihr sollt meine Gäste sein! Es soll euch an nichts fehlen. Lasst uns miteinander singen:

Lied **Wir feiern heut ein Fest** *(siehe Seite 28)*

GRUPPENARBEITSPHASE IN KLEINGRUPPEN

Spiel im Stuhlkreis zu Beginn, dann:

Aufarbeitung des Puppenspiels

Betrachten der einzelnen Rollen. Dazu werden Plakate ausgelegt, die Geschichte wird von den Kindern nacherzählt.

Im Anschluss kommt die Lebenswelt der Kinder in den Blick: Stell dir vor, du willst Kindergeburtstag feiern und einer nach dem andren sagt ab … (wer hat das schon erlebt, wie war das …?)

Anschließend: Jede Gruppe konzentriert sich auf eine oder zwei der vier Rollen (Einteilung durch die Gruppenleiter/-innen) und hat die Aufgabe, das jeweilige Plakat mit Inhalt zu füllen und schriftlich festzuhalten z. B.: Wie fühlt sich der Diener, was erlebt er …?

Die vier Plakate mit den jeweiligen Rollen sind:

1. **GASTGEBER**
2. **DIE EINGELADENEN (LYDIA, PETER, MARKUS)**
3. **DER DIENER (JONAS)**
4. **DIE GÄSTE VON DER STRASSE**

Abschlussgespräch

Warum erzählt Jesus den Leuten diese Geschichte, was will er sagen? (Ein möglicher Zielpunkt: alle sind eingeladen, es darf kommen, wer möchte, wir alle sind eingeladen zum Fest.)

Eingeladen zum Fest

Auch wir sind eingeladen, deshalb malt sich jeder selbst auf ein DIN-A4-Blatt und schreibt seinen Namen darunter. Jede Gruppe klebt ihre Bilder auf eine Papierbahn.

Wir gestalten für das Fest

Wer ein Fest feiert, bereitet das Fest vor. Mit den Kindern werden Ideen gesammelt, was alles für ein Fest nötig ist, evtl. auf Plakat notieren (als Hilfe: Was hat Jonas, der Diener vorbereitet?).

Einführung: Wir wollen unser Mittagessen heute auch als ein solches Fest vorbereiten. Dazu bekommt jede Gruppe eine Aufgabe. Folgende Vorschläge werden vorbereitet, darüber hinaus soll spontan auf Ideen der Kinder eingegangen werden.

- Eine große Plakatbanderole wird erstellt mit der Aufschrift: Eingeladen zum Fest. Damit alle Kinder beteiligt werden können: Jeder Buchstabe auf DIN-A4-Hochformat, die einzelnen Buchstaben werden farblich gestaltet (dicke Holzfarben oder Wachsstifte).
- Tischbänder und Mitteldecken gestalten: Grundlage Stoff oder Papier (bedrucken mit Stempeln aus Kork und Farbe).
- Tischschmuck gestalten: z. B. Blumen aus Krepppapier, Servietten …
- Teelichter gestalten. (Tischlaternen …)
- Tischkarten falten, mit Namen versehen und gestalten für alle Kinder und Mitarbeiter/-innen des Tages.
- Begrüßung/Rede/Tischgebet/Tischlied (Miteinander essen, Strophe 1 als Kanon) vorbereiten.

Pause

Im Plenum zum Mittagessen

Die Festgestaltung wird inszeniert. Das Essen wird von einem Team hergerichtet. Bevor gegessen wird, gestalten die Gruppen den Festraum, die Festtafel … Reihenfolge: Spruchband wird an einer Wand aufgehängt, darunter kommen die Papierbahnen mit den Bildern der Kinder; Mitteldecken/Tischbänder werden auf den Tisch gelegt, danach Tischschmuck/Teelichter, Tischkarten. Die Gruppen werden nacheinander aufgefordert, ihren Platz zu suchen. Es folgen Tischrede/Gebet/Lied (Miteinander essen).

Mittagessen – Nachtisch

Wenn möglich werden die Kinder bedient.

Spiel- und Ruhepause

Aufbau des Stationenspiels zum Paschamahl

Begrüßung zum Nachmittag

Lied

PUPPEN- ODER ROLLENSPIEL MIT PAULINE UND JOACHIM: JÜDISCHE WURZELN DES ABENDMAHLS

Requisiten

- Zwei Stabpuppen, davon eine mit Gebetsschal und Kipa als jüdischer Junge zu erkennen
- wenn möglich einen echten Gebetsschal in Groß und eine Kipa für das Nachgespräch ausleihen (zum Beispiel von den Medienstellen)

Puppenspiel zum Paschamahl

(mit Puppen zu spielen oder mit zwei verkleideten Personen als Rollenspiel)

Pauline: Hallo, Joachim! Gehst du mit zum Spielen?

Joachim: Leider nein, heute kann ich nicht. Wir feiern zu Hause ein großes Fest.

Pauline: Bist du deshalb so eigenartig angezogen? Was trägst du denn da für eine Mütze? So eine Mütze habe ich noch nie gesehen.

Joachim: Das ist eine Kipa.

Pauline: Eine Kipa, was ist denn das?

Joachim: Eine Kipa ist eine Kopfbedeckung, man könnte dazu Käppchen sagen. Die trage ich immer beim Beten.

Pauline: Und warum trägst du heute, wo es so warm ist, einen Schal? Bist du krank?

Joachim: Nein, völlig daneben geraten! Das ist mein Gebetsschal, er heißt Tallit.

Pauline: Das habe ich noch nie gehört! Was hat denn ein Schal mit dem Beten zu tun?

Joachim: Wenn ich bete, hülle ich mich ganz in den Schal ein. Ich will mich nicht ablenken lassen, und der Tallit hilft mir dabei.

Pauline: Ziehen das bei eurem Fest alle Leute an? Wenn wir ein Fest feiern, ziehe ich mein schönstes Kleid an.

Joachim: Ich doch auch, schau mich doch an! Aber dazu kommen dann noch Kipa und Tallit. Alle machen das.

Pauline: Wer ist denn alle? Darf da jeder kommen oder werden besondere Gäste eingeladen?

Joachim: Meine ganze Familie kommt und noch viele Leute aus der jüdischen Gemeinde.

Pauline: Du bist Jude? Dann hast du eine andere Religion als ich, einen anderen Glauben? Ich bin Christin.

Joachim: Ja, ich bin Jude und vieles ist bei uns anders als bei den Christen, aber wir glauben an denselben Gott. An den Gott Abrahams, Isaaks und Jakobs.

Pauline: Und heute Abend betet ihr zu unserem gemeinsamen Gott?

Joachim: Ja, aber es ist noch mehr. Wir erzählen uns die wichtigste Geschichte für unseren Glauben. Wir erzählen, was unsere Urururur ...-omas und -opas vor über 3000 Jahren erlebt haben.

Pauline: Vor so langer Zeit? Das könnt ihr doch nicht mehr wissen!

Joachim: Doch! In der Bibel ist es aufgeschrieben, was die Menschen sich früher weitererzählt haben. Unsere Vorfahren haben in der Fremde, in Ägypten gelebt. Sie mussten dort wie Sklaven arbeiten und wurden unterdrückt. Sie waren verzweifelt und hatten wenig zu essen.

Pauline: Und warum war das so?

Joachim: Der Pharao, der Herrscher von Ägypten, hat sie gezwungen. Sie wollten so gerne nach Hause zurück, in das Land Israel.

Pauline: Und dann? Erzähl weiter!

Joachim: Sie riefen Gott um Hilfe, der schickte ihnen Mose. Dabei waren auch sein Bruder Aaron und seine Schwester Mirjam. Mit Gottes Hilfe konnten sie fliehen. Vor der Flucht mussten sie sich stärken. Alles war sehr eilig. Dann konnten sie ihr Brot nicht mehr säuern, es war ohne Salz.

Pauline: Das schmeckt bestimmt seltsam!

Joachim: Nicht so seltsam wie andere Speisen, die mit dem Auszug aus Ägypten zu tun haben. Aber die müsstest du mal selber probieren und anschauen. Wichtig ist, dass alles zu unserem Fest gehört: dem Paschafest. Wir feiern es jedes Jahr, weil wir daran denken, dass Gott uns befreit, auch heute noch.

Pauline: Ich glaube, ich habe von diesem Fest schon gehört. Und das wird heute gefeiert?

Joachim: Ja, ich freue mich schon sehr darauf.

Pauline: Meinst du, ich darf heute zu dir kommen und mitfeiern?

Joachim: Ich gehe und frage meine Eltern, ich glaube, sie haben nichts dagegen.

Textvorlage: Katharina Lohmüller, Bearbeitung: Beate Brielmaier

Kurzes Gespräch im Plenum (dabei wird das Vorwissen der Kinder mit dem neu gehörten verbunden)
Original eines Gebetsschals und einer Kipa werden gezeigt, dürfen evtl. anprobiert werden (mit Ehrfurcht)

Lied **When Israel was in Egypt's land**
(die Kinder singen gerne auf Englisch, aber es gibt auch die deutsche Version: Als Israel in Ägypten war …)

Überleitung zum Lernspiel

- Die Kinder erhalten je einen Lernspielbogen, auf den die Speisen eingetragen werden.
- Jede/r Gruppenleiter/-in begleitet seine/ihre Gruppe von Station zu Station.
- An jeder Station stehen die Speisen vorbereitet. Dazu liegt jeweils eine Arbeitsanweisung und als Hilfe der entsprechende Bibeltext (Exodus 12).

Arbeitsanweisung: Probiert die Speise, schaut sie an. An was könnten Geschmack oder Aussehen erinnern, wenn wir an den Auszug Israels aus der Sklaverei in Ägypten denken?

ELEMENTE/SPEISEN BEIM JÜDISCHEN PASCHAMAHL

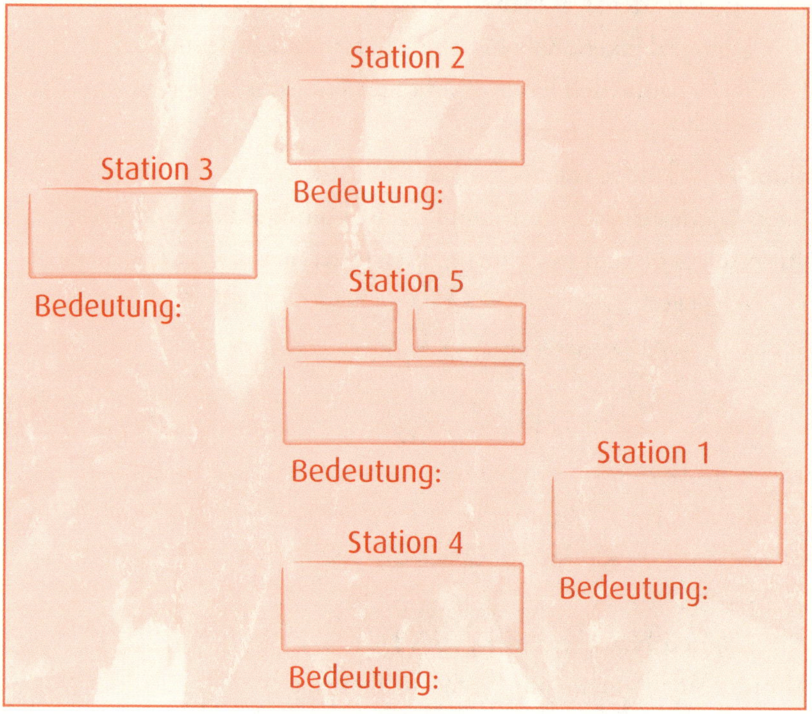

STATION 1: Salzwasser; Bedeutung: Tränen in der Sklaverei (und Schweiß).

STATION 2: Bitterkräuter; Bedeutung: Bitteres Leid in Ägypten.

STATION 3: Fruchtmus; Bedeutung: Aussehen erinnert an Lehm für die Ziegel, die sie als Sklaven formen mussten.

STATION 4: Lamm (Bild eines Lammes); Bedeutung: Das Blut des Lammes an den Türpfosten war ein Schutz für die Israeliten.

STATION 5: Brot, Wein, Kerzen; Bedeutung: ungesäuertes Brot für den eiligen Aufbruch, Wein und Kerzen für die Freude.

An den Stationen (wenn möglich in verschiedenen Räumen) werden die Speisen verdeckt aufgestellt. Die Kinder probieren die Speisen. Die Gruppenleitung hilft mit dem Hintergrundwissen (Exodus 12).

Pause

Wenn alle Stationen besucht wurden.

Abschlussandacht mit Eltern

Begrüßung

Jede Gruppe trägt eine der Speisen nach vorne auf einen Tisch neben dem Altar.

Lied **Wir feiern heut ein Fest** *(siehe Seite 28)*

Gebet

Einführung für die Eltern

Jede Gruppe darf eine Speise vorstellen.

Lied **Miteinander essen** *(siehe Seite 29)*

Bibeltext **Jesus feiert das Mahl**

(z. B. aus Neukirchner Kinderbibel)

Kurzes Gespräch

Was ist anders an diesem Mahl Jesu? Was spüren die Jünger?
Welche Speisen und Gegenstände gehören zu diesem anderen Mahl?
Brot und Wein (und Kerzen) werden auf den Altar gestellt.

Findet der Abschluss im Sonntagsgottesdienst statt, schließt sich hier die Eucharistiefeier bzw. das Abendmahl an.

Vaterunser

Vater unser im Himmel,
geheiligt werde dein Name.
Dein Reich komme.
Dein Wille geschehe,
wie im Himmel so auf Erden.
Unser tägliches Brot gib uns heute.
Und vergib uns unsere Schuld,
wie auch wir vergeben unsern Schuldigern.
Und führe uns nicht in Versuchung,
sondern erlöse uns von dem Bösen.
Denn dein ist das Reich und die Kraft und die Herrlichkeit
in Ewigkeit.
Amen.

Lied **Kann denn das Brot**

2. /: Kann denn ein Becher Wein für uns der Himmel sein. :/
3. /: Kann denn ein Mensch allein für uns die Zukunft sein. :/
4. /: Kann denn ein Wind so leis für uns der Antrieb sein. :/
5. /: Kann denn ein Kind so klein für uns die Rettung sein. :/

Segen

CHECKLISTE

- ✔ Mittagessen (bzw. Abendessen) und Getränke
- ✔ Mitarbeiter/-innen Küche
- ✔ Aufbauteam, Aufräumteam
- ✔ Spielmaterial für die Pausen je nach Wetterlage für drinnen oder draußen
- ✔ Puppenspiel 1: Rollen verteilen und Requisiten besorgen (s. o.), Probe
- ✔ Puppenspiel 2: Rollen verteilen und Requisiten besorgen (s. o.), Probe
- ✔ Liederzeitung
- ✔ weißes Papier DIN A4, Papierrolle, Papierbahnen
- ✔ Plakate mit den Rollen der Geschichte (König, Jonas, die Eingeladenen …)
- ✔ evtl. Blumen, Vasen
- ✔ Teelichter
- ✔ Tonpapierreste
- ✔ Buch mit Tischgebeten
- ✔ Klebstoff
- ✔ Scheren
- ✔ Lernspielbogen für alle
- ✔ Lebensmittel für das Lernspiel: Kresse oder Salbei (Bitterkräuter), Apfelmus/Mandeln/Zimt (Fruchtmus), Wein oder roter Traubensaft, Mazzen (ungesäuertes Brot); Kerzen, Bild von einem Lamm
- ✔ Gebetsschal und Kipa

WIR FEIERN HEUT EIN FEST

2. Wir feiern heut ein Fest
und singen miteinander.
Wir feiern heut ein Fest,
weil Gott uns alle liebt.

Kehrvers: Herein, herein! ...

3. Wir feiern heut ein Fest
und danken für die Gaben.
Wir feiern heut ein Fest,
weil Gott uns alle liebt.

Kehrvers: Herein, herein! ...

4. Wir feiern heut ein Fest
und teilen miteinander.
Wir feiern heut ein Fest,
weil Gott uns alle liebt.

Kehrvers: Herein, herein! ...

Weitere Möglichkeiten:
... und klatschen in die Hände ...
... und stampfen mit den Füßen ...
... und tanzen miteinander ...
... und schnippen mit den Fingern ...

Text: Rolf Krenzer Musik: Ludger Edelkötter, © Impulse-Musikverlag, Drensteinfurt

WIR FEIERN EIN FEST

Text: Lang Musik: Ludger Edelkötter, © Impulse-Musikverlag, Drensteinfurt

MITEINANDER ESSEN

Miteinander essen,
dabei nicht vergessen,
Brot für alle Welt,
ehrlich teilen zählt!

Miteinander essen,
dabei nicht vergessen:
Gott lädt alle ein,
kommt zu uns herein.

Miteinander essen,
dabei nicht vergessen:
in Brot und Wein
will Christus bei uns sein.

Miteinander essen,
dabei nicht vergessen:
Mann und Frau und Kind,
Gottes Kinder sind!

Text: Beate Brielmaier Musik: Markus Grohmann, © bei den Autoren

THEMA: **GEMEINSAM UNTERWEGS**
EINE KINDERBIBELWOCHE ZUM BUCH RUT

BIBLISCHER TEXT: Grundlage ist das Buch Rut aus dem Alten Testament

ZIEL: Die Kinder lernen die Geschichte von Rut, Orpa und Noomi kennen. Die Geschichte der drei Frauen soll die Kinder anregen zur eigenen Auseinandersetzung mit verschiedenen Aspekten und Themen der Geschichte:

- alles verlassen und umziehen
- neu anfangen müssen
- echte Freunde sind gute Begleiter
- gemeinsam unterwegs sein
- Entscheidungen treffen
- wieder zurückkehren
- mutig einen neuen Weg suchen
- Heimat

ZIELGRUPPE: Kinder im Alter von fünf bis zwölf Jahren

GRUPPENGRÖSSE: bis zu 80 Kinder (mindestens 20)

MITARBEITER/-INNEN: Für je acht Kinder eine Kleingruppenleitung, für das Rollenspiel (oder Puppenspiel) mindestens fünf Personen

ZEITRAHMEN UND EINSATZBEREICHE: Täglich von 9:30 – 12:30 Uhr (Ferien) oder derselbe Zeitraum am Nachmittag (in der Schulzeit)
Alternativ am Wochenende:
Nur geeignet, wenn der Freitag Nachmittag und der ganze Sonntag zur Verfügung stehen. Projektwoche in der Schule im Rahmen einer Kinderfreizeit

CHANCEN: Die biblische Geschichte ist vielen Kindern nicht bekannt, sie ist in vielen Kinderbibeln nicht enthalten. Das erhöht bei den Kindern die Spannung. Die Moderationsfigur Mia (eine Maus) ermuntert die Kinder, die Geschichte genau zu verfolgen, klärt schwierige Sachverhalte und stellt Nachfragen. Sie gewährleistet eine intensive Auseinandersetzung mit dem Inhalt und liefert den Bezug zur Lebenswelt der Kinder.

HINWEISE: Die Kinderbibelwoche „Gemeinsam unterwegs" kann den Inhalt der biblischen Geschichte als Rollenspiel oder als Puppenspiel darstellen. Aus der Praxiserfahrung hat sich als beste Lösung die Kombination von realem Spiel (die Maus Mia) und Puppenspiel (Figuren der biblische Geschichte) gezeigt. Der Wechsel von Identifikationsfigur und erzählter Geschichte bildet die ideale Möglichkeit für ein vertieftes Verstehen und eine hohe Konzentration der Kinder. Soll die biblische Geschichte als Rollenspiel vorgetragen werden, kann die Maus Mia alternativ mit einer Handpuppe gespielt werden.
Die Anregungen für die Gruppenarbeit sind alle erprobt. In der Regel reicht die Zeit von gut ca. 90 Minuten nicht für alles. Die genannten Vorschläge unter dem Punkt „Gruppenarbeit" verstehen sich als Anregungen. Im Zweifelsfall sind den Bereichen Gesprächszeit und Spielzeit Priorität einzuräumen. Kinder, die nicht gerne basteln, malen und werken, brauchen vielleicht mehr Bewegung oder Spielzeit.

GEMEINSAM UNTERWEGS

Eine Kinderbibelwoche zum Buch Rut

SCHRITT FÜR SCHRITT

ERSTER TAG: ABSCHIED NEHMEN

Rollenverteilung erster Tag

Mia (Moderation): ....

Puppenspiel

Noomi (N): ....

ihr Mann Elimelech (E): ....

die beiden Söhne Machlon (M)

und Kiljon (K): ....

Benjamin (B), ein Freund der Söhne: ....

kleine Fingerpuppe (Maus): ....

Tafel, auf der mehrere Menschen

aufgezeichnet sind (Nachbarn): ....

Nach Begrüßung, Gebet und Lied stellt sich am ersten Tag die Moderationsfigur Mia vor. Sie ist grau gekleidet und hat – z. B. an einem Haarreif befestigt – Mäuseohren auf dem Kopf. Sie ist als Maus geschminkt und trägt an der grauen Kleidung einen Schwanz.

Der Text für Mia, die Maus, ist absichtlich im lockeren Erzählstil geschrieben. Je nach Fähigkeiten der Spielerin kann dies auch ganz frei gestaltet werden. Bei den Liedern, die im Stück gesungen werden, singen die Kinder alle mit (Liederzeitung). Die Maus Mia kann dazu animieren, falls es die Kinder nicht automatisch tun.

Die Maus Mia stellt sich vor

Hallo, Kinder, darf ich mich vorstellen: Ich bin Mia, die Maus. Mich werdet ihr diese Woche nicht los. Mäuse sind zäh und hartnäckig, können sich gut verstecken und schnell verschwinden, wenn's sein muss. Habt ihr schon mal in der Bibel von Mäusen gelesen? In Reli oder so? Ich auch nicht! Dazu sind Mäuse viel zu unwichtig, denken die Menschen. Aber eines ist sicher, das sage ich euch: Damals, zu der Zeit, als unsere Geschichte spielt, von der wir diese Woche hören, gab's Mäuse. Und Ratten und viel anderes Getier. Aber Ratten mag ich nicht, iiii; und ihr?
Also Angst habe ich natürlich keine vor Ratten, ihr etwa? Nur vor Katzen hab ich Angst, die mag ich nicht so gern, da halte ich lieber Abstand. *(schaut auf die Uhr)* Ojemine, was rede ich die ganze Zeit, ich sollte mal zur Sache kommen:
Diese Woche geht es um ein kleines Buch aus der Bibel, das kaum einer kennt. Es heißt Rut. Kennt hier jemand eine, die Rut heißt? *(je nachdem spontan reagieren)* Auf jeden Fall ist es ein Mädchen- oder Frauenname. Na ja, schön ist er ja, aber ein bisschen seltsam, ungewohnt. Ruttt *(„u" kurz sprechen)*. Der Name ist schon fast vorbei, wenn er gerade angefangen hat: Ruttt. Meine Name klingt viel länger: Miiiaaaa. Schön, gell?
Aber manche Leute sagen nicht Ruttt, sie sagen Ruuut, dann klingt es schon viel besser. Na und wer war jetzt die Ruuut aus der Bibel? Keine Ahnung? Macht nix, deshalb seid ihr ja da, sonst wär's ziemlich langweilig. Ach übrigens, schön, dass ihr da seid.

Lied **Einfach spitze**

2. /: Einfach spitze, lasst uns stampfen … :/
3. /: Einfach spitze, lasst uns klatschen … :/
4. /: Einfach spitze, lasst uns hüpfen … :/
5. /: Einfach spitze, lasst uns tanzen … :/
6. /: Einfach spitze, lasst uns … :/

Mia erzählt weiter:

Die Geschichte von Rut spielt vor langer Zeit. Na, wer hätte das gedacht? Leider könnt ihr sie erst morgen persönlich kennen lernen. Das ist wie im richtigen Leben. Die Hauptpersonen kommen meistens später! Also noch mal, die Geschichte spielt vor langer Zeit, lange bevor Jesus geboren wurde. Sie beginnt in Betlehem. Schon mal gehört? *(Weihnachten, im Fernsehen …)* Weihnachten passt gerade nicht. Wart ihr schon mal in einer Zeitmaschine? So was Ähnliches machen wir jetzt. Wir fliegen rückwärts durch die Zeit. Achtung, nicht erschrecken, unsere Zeitmaschine macht Lärm.

Hinter dem Vorhang wird eine große Faschingsrätsche oder Ähnliches betätigt.

Ich erklär euch jetzt, wie das geht: Die Maschine startet, dann geht es los. Wenn sie läuft, ist sie ganz ruhig, dann klingt ein kleines Glöckchen, und ihr macht die Augen zu. Versprochen? Dann reisen wir durch die Zeit, und zwar rückwärts. Hört genau zu, was alles zwischen uns und der Geschichte von Rut passiert ist. Wenn das Glöckchen wieder klingelt, sind wir angekommen. Dann dürft ihr die Augen aufmachen. Und dann geht's da vorne los!

Hinter der Bühne wird die Zeitmaschine betätigt, dann klingt das Glöckchen. Danach wird die Zeit zurückgedreht, d. h. eine Stimme spricht – je nach Alter der Kinder – von ein paar Ereignissen mit Zeitangaben, z. B.: 2006 Kinderbibeltage in … um 1500 Martin Luther möchte die Kirche reformieren … um das Jahr 1000 … um das Jahr 0 Jesus von Nazaret wird geboren … noch ein paar hundert Jahre zurück … wir sind angekommen … das Glöckchen klingelt. Licht an auf der Puppenbühne, alternativ: auf der Bühne, wo real gespielt wird.

N: Hallo, Leute, ich heiße Noomi. Das ist kein Witz, ich heiße wirklich so. No-o-mi *(betont langsam gesprochen)*.Und ich liebe meinen Namen. Wisst ihr, was der bedeutet? Die Liebliche! Als ich noch ein junges Mädchen war, hat meine Mutter einmal gesagt: Du bist eher kratzbürstig als lieblich. Gemein, was? O, da kommt Elimelech, mein Mann.

E: Ich glaube, wir müssen fort von hier!

N: Was, weg von Betlehem? Nein, kommt nicht in Frage. Hier wohne ich schon immer, hier in Betlehem in Juda.

E: Was nützt uns das. Seit Monaten warten wir auf Regen. Schau dir die Tiere an. Sie brüllen vor Durst. Die ganze Erde ist vertrocknet. Die neue Saat ist verdorrt.

Die kleine Hand- oder Fingerpuppe – eine Maus – schleicht über die Bühne

Stimme der echten Mia: Kein Körnlein ist zu finden. Ich hab so Hunger! *(schleicht von der Bühne)*

E: Has du was gesagt? *(dreht sich um)*

N: Nein, was soll ich denn sagen?

E: Wir müssen umziehen, und zwar nach Moab. Moab heißt „Fruchtland". Dort gibt es Wasser und saftige Weide für das Vieh. Das Getreide wächst.

Die beiden Jungen rennen herein!

M: Mama, ich habe Hunger, was gibt es zu essen?

K: Und ich erst, ich habe einen Riesen-Kamelshunger!

N: Ein wenig Getreidebrei haben wir noch, den könnt ihr essen.

E: Machlon, Kiljon, ich muss euch etwas sagen. Wir müssen umziehen. Das Wetter hier im Land Juda ist so schlecht. Es regnet zu wenig. Hier werden wir nicht mehr lange satt.

K: Papa, das finde ich stark. Endlich ist mal was los. Wann gehen wir?

E: Wir werden schon bald gehen müssen. Überlegt euch gut, was ihr mitnehmen wollt, ihr müsst alles selber tragen, die Tiere sind zu schwach. Aber jetzt geht erst mal schlafen. Gute Nacht!

Abendbeleuchtung, evtl. Sterne, in einer Ecke sind N und E zu sehen, in der anderen Ecke liegen K und M auf einer Decke.

N: Guter Gott, ich bin traurig. Ich will nicht fort von hier. In Moab sind wir fremd. Wir sind dort Ausländer. Es ist hart, fremd zu sein. Ob wir das schaffen? Den langen Weg, neu anfangen, ob wir Freunde finden? Bitte geh mit uns und hilf uns. Amen.

E: Gute Nacht, Noomi, keine Angst, wir werden's schon schaffen!

K: Machlon, schläfst du schon?

M: Nein, ich kann nicht schlafen. Ich will nicht weg von hier. Hier sind meine Freunde und meine Ziege.

K: Dann nimm die olle Ziege doch mit!

M: Papa hat gesagt, das geht nicht. Sie ist zu schwach. Er will sie schlachten für das Abschiedsfest. Aber das lasse ich nicht zu.

K: Ich freue mich so, Mensch Machlon. Endlich wieder einmal richtig satt essen. In Moab soll es Trauben geben und Brot. Und es regnet richtig viel. Dann kaufen wir eine neue Ziege und Freunde findest du bestimmt auch.

M: Ich geh noch mal hinaus und schau nach meiner Ziege, verrat mich bitte nicht.

K: Du und deine Viehcher. Ist schon gut, ich sag nichts.

Schleicht hinaus, man hört Machlons Stimme leise sprechen.

M: Meine liebe gute Ziege, ich bringe dich jetzt zu Benjamin. Dort kannst du bleiben.

B: Hallo, Machlon, hast du sie? Gut! Ich verspreche dir, sie zu versorgen, so gut ich kann. Mach's gut! Ich bleibe dein Freund, auch wenn du fortgehst.

Machlon erscheint wieder.

M: Gute Nacht, Kiljon *(etwas leiser weiter)*. Guter Gott, hilf, dass wir es schaffen in Moab. Es dauert immer so lange, bis ich Freunde finde. Kilijon hat immer gleich welche. Hilfst du mir? Amen.

Am nächsten Morgen; helle Beleuchtung.

N: *(hält ein Tuch in der Hand)* Das will ich mitnehmen, dieses schöne Tuch habe ich zur Hochzeit bekommen. Aber es ist so schwer. Ich glaube, ich muss es zurücklassen. Wichtiger ist, dass die Kinder etwas mitnehmen können, das sie an zu Hause erinnert. *(zu den Kindern gewandt)* Was nehmt ihr mit auf die Reise? Habt ihr etwas, das euch tröstet? Überlegt mal für später.
Ich nehme die Decke doch mit. Lieber lasse ich eine Tonschale zurück.

E: Noomi, die Nachbarn kommen gleich, um sich zu verabschieden.

N: Viel haben wir nicht mehr, ein kleiner Rest Wein und ein wenig Brot ist noch da, den Rest brauchen wir für die Reise.

Tafel mit Leuten hochhalten, Gerede, Abschiedsgeplänkel

N: Zum Schluss wünsche ich mir noch ein gemeinsames Lied. Immer wenn wir es singen, wollen wir aneinander denken.

Lied **Gott, dein guter Segen**

Licht aus, Mia tritt auf, von CD oder Kassette läuft die Zeitreise wieder bis in die Gegenwart.

Mia: Meine Güte, das war was. Ich hab mir schon einen Platz ausgesucht im Küchenkorb. Da versteck ich mich, wenn's losgeht. Wenn in Moab alles besser ist, geh ich natürlich mit. Ich habe nämlich einen Riesen-Kamels-, äh, Mäusehunger. Also, tschüss bis zum nächsten Mal! *(verschwindet)*

Schildmützen als Namensschilder

Als erste Aufgabe sollen die Kinder ihre Schildmützen mit ihrem Namen beschriften, gestalten, verzieren. Dazu werden Stoffmalstifte verwendet.

Kennenlernspiele (je nach Alter)

- Ball zuwerfen und dabei den Namen nennen
- Mit einem Wollknäuel ein Netz knüpfen
- „Mein rechter Platz ist leer“ (jüngere Kinder)
- Welcher Gegenstand gehört wem? Jedes Kind legt einen persönlichen Gegenstand unter eine Decke, dann wird geraten, was wem gehört.
- Für ältere Kinder: die Gruppe stellt sich hintereinander nach einer bestimmten Vorgabe auf: Vornamen alphabetisch sortiert; nach Größe sortiert; nach Geburtsdatum sortiert … Dieses Spiel kann an den weiteren Tagen in der Gruppe auf Zeit (Stoppuhr) gespielt werden.

Nacherzählung

Die Geschichte aus dem Buch Rut wird gemeinsam nacherzählt; die Bedeutung der Namen wird besprochen; die Kinder erzählen im Anschluss, was sie über ihre Namen wissen. Dabei entsteht ein großes Plakat mit den Namen aus der biblischen Geschichte und den Namen der Kinder. Die Bedeutung soll – wenn möglich – mit auf das Plakat.

Einführung

Wir machen eine Reise. Damit wir den fremden Menschen in der neuen Stadt, dem neuen Land zeigen, wer wir sind, benötigen wir für unser neues Heim ein Türschild. Einladung zu einer Gesprächsrunde: Was ist schwer, wenn man fremd ist? Welche Probleme sind zu erwarten?

Basteln

Ein Namensschild für die Kinderzimmertür zu Hause wird gestaltet. Verschiedene Alternativen je nach Alter (und Finanzbudget): bemalte Fliesen mit Lackmalstiften oder Porzellanmalern (im Backofen einbrennen), Fimo, Salzteig, Holztafel, lufttrocknender Ton.

Spiel

„Ich muss umziehen und packe meinen Koffer, ich nehme mit …“
(das nachfolgende Kind wiederholt und fügt einen weiteren Gegenstand an).

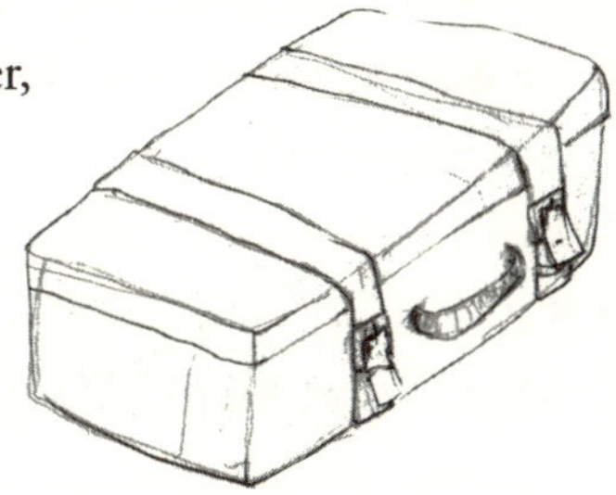

Überleitung zu einem weiteren Gespräch

Themenschwerpunkte: Umziehen, Zurücklassen, Abschied. Hier kann auch mit Plakaten gearbeitet werden; es wird gesammelt, was unbedingt mit auf die Reise (bei einem Umzug …) genommen werden soll, muss, darf.

ABSCHLUSS DES ERSTEN TAGES

Lied **Gute Freunde …** *(siehe Seite 59)*

Gespräch

Die Maus Mia lässt sich interessiert die Gruppenplakate zeigen.

Gebet und Abschlusssegen

Rollenverteilung zweiter Tag

Mia (Moderation): ....
Puppenspiel
Noomi (N): ....
ihr Mann Elimelech (E): ....
die beiden Söhne Machlon (M)
und Kiljon (K): ....
Orpa: ....
Rut: ....
kleine Fingerpuppe (Maus): ....

Ab dem zweiten Tag ist immer, wenn auf der Bühne etwas Besonderes geschieht, die kleine Maus am Rande zu entdecken. Sie schaut vorsichtig auf das Geschehen und verschwindet wieder. Sie sollte nicht zu häufig und nicht zu lange auf der Bühne bleiben.

Mia tritt auf:

Hallo, Leute,
kennt ihr mich noch? Ich sag's euch, bis wir endlich losgekommen sind. Wisst ihr noch wo? *(Betlehem in Juda)* Die waren vielleicht bepackt. Vor allem die Jungs, Machlon und Kiljon. Die hätten am liebsten alles mitgenommen. – Aber schließlich haben sie's doch geschafft. Die Reise war endlos und heiß, und am Anfang gab's nichts zu futtern. Hat mir jemand ein bisschen Mäusefutter mitgebracht? *(Na, ihr könntet auch mal an so eine arme hungrige Maus denken. Wisst ihr, was ich liebe? Erdnüsse!)*

Aber allmählich wurde es besser, als wir in die Richtung Moab kamen. Seht selber, wie's hier aussieht. Aber halt: Damit ihr besser hören und sehen könnt, hab ich zuvor noch ein Lied mitgebracht: Schließlich können wir nicht jeden Tag eine Reise durch die Zeit machen. *(Kanon: Gib uns Ohren, die hören …)*

Lied **Gib uns Ohren, die hören …**

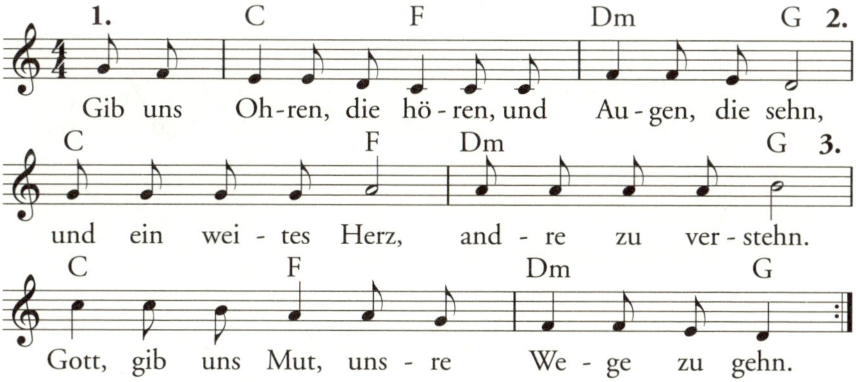

Text und Musik: unbekannt

Puppenbühne Vorhang auf

E: Schaut mal, wie's hier aussieht!

K/M/N: *(staunen)* Alles grün. Herrlich!

N: Elimelech, du heißt nicht umsonst Elimelech: Mein Gott ist König.

E: Ja, Gott hat mich beschützt.

K: Schau mal, die Kinder, sie spritzen sich nass mit Wasser.

Ins Publikum spritzen mit einer versteckten Wasserspritze.

M: Schau mal, die anderen Kinder, ob die uns wohl mitspielen lassen?

N: Hoffentlich nehmen die Leute uns freundlich auf!

Zwei Mädchen kommen kichernd herbei.

Orpa: Guck mal, Fremde, Ausländer, was die hier wohl wollen?

Rut: Mensch Orpa, die sehen gar nicht schlecht aus *(kichern)*.

Orpa: Was du wieder gleich denkst! An denen ist doch nichts dran. Nur Haut und Knochen.

Rut: Macht doch nichts. Meine Mama hat mir erzählt, dass sie aus Betlehem in Juda kommen. Dort gibt es keinen Regen, alles ist vertrocknet. Die Menschen müssen hungern, deshalb kommen sie hierher.

Orpa: Meinst du, die spielen mit?

Rut: Jungs spielen doch nicht mit Mädchen, oder?

Orpa: Dumme Gans, ich spiele immer mit meinem Bruder.

Das geht so: *(Wirft einen Stein, dreht sich weg.)*

K: He, was war das?

Orpa: Getroffen! Hör mal, wie der spricht *(kichert)*. Ganz anders!

M: Ich glaub, die wollen was von uns *(kichert auch)*.

Orpa: Ich hab Hunger!

Rut: Hier hast du einen Granatapfel (beide essen). Hm, lecker!

K: Hast du das gesehen?

M: Ja, Mann, hab ich einen Hunger.

Orpa: Wollt ihr auch einen?

Beide Jungs nicken und verneigen sich.

Rut: Also, einen Diener müsst ihr nicht gleich machen.

Orpa: Du, die kommen doch woanders her. Erstens verstehen sie uns nicht und zweitens: vielleicht sagt man bei denen so danke *(macht Verbeugung nach).*

N: Kiljon, Machlon, wo steckt ihr denn?

K: Wir kommen schon.

E: Wir haben großes Glück. Hier in Moab gibt es ein kleines Haus am Ende des Dorfes. Das steht schon lange leer. Die Leute sagen, wir können dort wohnen.

N: Es hat einen Garten. Wir können pflanzen und draußen sein. Was für ein Glück.

E: Ja, Gott sei Dank, Gott ist unser König, er hat uns mal wieder weitergeholfen.

Vorhang zu. Die Maus Mia tritt auf:

Es ist fast wie im Märchen. Am Anfang war's schwer. Machlon und Kilijon haben kein Wort verstanden. Mit Händen und Füßen mussten sie sich verständigen, z. B. so: *(reibt den Bauch: Kapiert? Hunger!)*
Aber dann ging's immer besser. Irgendwann haben sie ein paar Jungs mitspielen lassen, Tonkugeln im Sand rollen *(kennt ihr das?).*
Und Orpa und Rut haben zugeschaut. Natürlich mit viel Abstand. Also früher war das komisch: Da durften Jungs nicht mit Mädchen spielen. Und wenn, dann waren sie gleich verliebt *(kichert).*
Aber manchmal ist es doch so. Eine echte Liebesgeschichte, und sie steht tatsächlich in der Bibel drin *(flüstert hinter der Hand: Da gibt's noch viel mehr von der Sorte in der Bibel, die meisten Leute wissen das bloß nicht).*

Eines Tages haben Kilijon und Machlon die Mädels eingeladen:

Rut und Orpa: Mann, war das eine Aufregung. Und dann kamen sie immer öfter, und schließlich konnten die Jungs gut Moabitisch und die Mädels ein bisschen Hebräisch, und irgendwann, ... Tja, wie im Märchen.

Vorhang auf: Zwei Hochzeitspaare … Hochzeitsmusik wird eingespielt

Mia: Da waren sie zwei Pärchen: Machlon und Rut; Kilijon und Orpa. Und wenn sie nicht gestorben sind, dann sind sie heute noch verliebt.

Vorhang zu

Mia: Leider, leider, ich muss euch enttäuschen. Es ist kein Märchen. Alle wurden krank, schwer krank, erst Elimelech, dann Machlon und Kilijon.

Vorhang auf (beide Frauen mit schwarzem Kopftuch)

Rut: Ich habe ihn so gern gehabt, aber er war so krank, mein Machlon. Er wäre nie wieder gesund geworden.

Orpa: Ja, so wie Kilijon. Warum sind die beiden nur gestorben?

Rut: Ich glaube, sie haben als Kinder einfach zu wenig zu essen gehabt.

Orpa: Ja, weißt du noch, wie dünn die waren, als sie kamen?

Rut: Und die arme Noomi erst. Sie hat jetzt gar niemanden mehr: Beide Kinder und der Mann gestorben, und dann noch in einem fremden Land.

Orpa: Wir haben wenigstens noch Familie hier: Cousinen und Cousins und unsere Eltern. Zum Glück sind die gesund.

Rut: Neulich hat Noomi zur Nachbarin gesagt, sie will vielleicht zurückgehen, nach Betlehem.

Orpa: Meinst du wirklich?

Vorhang zu

Mia: Meine Güte, da war vielleicht was los: Erst waren sie noch Kinder, dann verliebt, dann Hochzeit, und plötzlich drei, die gestorben sind. Das ist ja wie ein Krimi. Oder wie im richtigen Leben. Vielleicht wart ihr auch schon mal fremd oder auf einer Hochzeit oder ihr kennt jemanden, der gestorben ist. Ich glaube, heute gibt's eine Menge zu erzählen in der Gruppe.

Mia: Tschüss, bis morgen. Aber wir könnten vielleicht noch singen. Und bevor ich's vergesse:
Vielleicht mag mir jemand mal was schreiben oder malen von Menschen, die fremd sind, oder von Verliebten oder von einer Hochzeit oder wie das war, als jemand gestorben ist.
Ich freu mich riesig über Post und Bilder. Ich beantworte sie gerne und vielleicht lese ich morgen etwas vor, natürlich ohne zu sagen, von wem der Brief ist: Briefgeheimnis!
Ich bin schon gespannt auf morgen!

GRUPPENARBEIT ZWEITER TAG

Spiel

Anfangsspiel (aus dem Repertoire des ersten Tages) oder „ZipZap", ein Kennenlernspiel, um die Namen einzuprägen: Alle sitzen im Kreis, ein Stuhl fehlt, ein Kind steht in der Mitte und zeigt auf ein Kind im Stuhlkreis und sagt dazu Zip (das Kind muss den linken Nachbarn nennen) oder Zap (das Kind nennt den linken Nachbarn). Bei einem Fehler geht das betreffende Kind in die Mitte. Bei ZipZap müssen alle die Plätze tauschen und das Kind in der Mitte sucht sich schnell einen freien Stuhl.

Gespräch

Gespräch zur Geschichte; dabei werden die Aspekte, die die Maus Mia genannt hat, gesammelt. In der Gruppe gibt es Erzählzeit, je nach Alter und Interessen der Kinder.
Ein Schwerpunkt liegt auf den Erfahrungen in einem fremden Land, mit fremden Sprachen, evtl. Urlaubserfahrungen, andere Erfahrungen im Ausland … Was unterscheidet uns von anderen Kindern in anderen Ländern? Was kenne ich aus anderen Ländern? Sammeln von Begrüßungsformen in anderen Ländern.
Bei älteren Kindern – je nach Zeit und Interesse – das Thema des endgültigen Abschiedes (Tod) ansprechen. An die Erfahrungen der Kinder anknüpfen. Alternative: Anknüpfen an die Erfahrung von Noomi, Rut und Orpa: Wie fühlen sie sich, was kann ihnen helfen, was tut ihnen gut …?

Basteln

Je nach Alter zwei mögliche Alternativen:
Was mir wichtig ist, bewahre ich gut auf, nehme es mit, wenn ich umziehe: eine Stofftasche wird mit dem Namen und dem Thema „Gemeinsam unterwegs“ bedruckt (Korken und Stoffdruckfarbe); in diese Tasche kommen am Ende der Kinderbibelwoche die entstandenen Schätze.
Thema Erinnerung: Wichtige Erfahrungen (fröhliche und traurige) kann ich aufschreiben oder etwas dazu malen. Ein Erinnerungsbuch wird gestaltet. Ein einfaches Schreibheft (kostengünstige Variante) erhält einen Umschlag aus Packpapier, das bedruckt wird mit Wasserfarbe und Kartoffelstempel oder Weinkorken; teurere Variante: ein gebundenes Heft/Buch wird gestaltet. Es schließt sich ein Gespräch an, was alles in das Erinnerungsbuch hineingeschrieben werden könnte; wenn gewünscht, bekommen die Kinder Zeit, um die erste Seite im Erinnerungsbuch zu gestalten.

ABSCHLUSS DES ZWEITEN TAGES

Lied **Gute Freunde …** *(siehe Seite 59)*

Die Maus Mia lässt sich interessiert die Erinnerungsbücher und Stofftaschen zeigen, sofern sie schon transportabel sind.

Gebet und Abschlusssegen

DRITTER TAG: FREUNDE TREFFEN EHRLICHE ENTSCHEIDUNGEN

Rollenverteilung dritter Tag

Mia (Moderation): ....

Puppenspiel

Noomi: ....

Orpa: ....

Rut: ....

kleine Fingerpuppe (Maus): ....

Mia tritt auf:

Mann, Leute, ich hab vielleicht schlecht geschlafen *(reibt sich die Augen)*, ich hab die ganze Nacht geträumt: von Verliebten, vom Heiraten, von Leuten, die gestorben sind. Das Leben ist ganz schön anstrengend. Aber wer weiß, wer weiß. Vielleicht ist von euch jemand verliebt?

Na ja, geht mich ja nichts an! Aber wisst ihr was, ich habe schon Post bekommen! *(Stellt Post von den Kinder vor, freut sich über evtl. mitgebrachte Erdnüsse …)* Jetzt geht's aber weiter in unserer Geschichte. Stellt euch vor: Jetzt wollen die Frauen wirklich zurück nach Betlehem. Wo's ihnen doch so gut geht in Moab. Na, was das noch gibt, ich weiß auch nicht. Schauen wir mal zu!

Vorhang auf

Noomi: *(mit Fladenbrot)* Das ist unser letztes Essen hier in Moab: Danke, Gott, für die gute Zeit hier, für alles Gute hier in Moab, die netten Leute, das Essen. Kommt, esst mit mir.

Rut und Orpa essen, dazu Kanon singen: Miteinander essen (siehe Kapitel Mahlgemeinschaft)

Orpa: Jetzt geht es uns wie damals dir, Noomi, als du fortgegangen bist. Ich war noch nie fort, wie es wohl werden wird?

Rut: Ich finde den Abschied von meiner Familie auch schwer, aber ich bin auch neugierig, Betlehem kennen zu lernen. Noomi hat schon so viel aus ihrer Heimat erzählt.

Noomi: Kommt, lasst uns gehen. Wir können das Essen ja mitnehmen. Ich freue mich auf meine Heimat. Ich finde es nett von euch, dass ihr mitgehen wollt. *(gehen los)*

Rut: Das wird ein langer Weg werden.

Noomi: Ja, das wird es!

Vorhang zu

Mia: Die waren ziemlich lange unterwegs, einige Tage, immer zu Fuß? Ganz schön anstrengend. Eines Tages kamen sie an eine Wegkreuzung. Sie machten Pause und ruhten sich aus. Stellt euch vor, was passiert ist:

Vorhang auf

Orpa: Das ist ganz schön anstrengend und so weit weg von zu Hause.

Rut: Lass uns Rast machen, dort hat es Steine, auf denen kann man gut sitzen.

Alle setzen sich.

Noomi: Orpa und Rut, kehrt lieber um und geht nach Hause, nach Moab zurück zu euren Eltern. Ich bin schon alt, ich weiß nicht, ob ich euch gut versorgen kann.

Orpa: Meinst du wirklich? Ich weiß auch nicht recht.

Noomi: Ich bin dir nicht böse, auch du, Rut, kannst gehen. Sei frei, dich zu entscheiden.

Rut: *(nimmt einen Stein in die Hand)* Ich bleibe bei dir, Noomi: Wo du hingehst, da will auch ich hingehen. Dein Land ist mein Land und dein Volk ist mein Volk. Dein Gott ist mein Gott. Ich will dich nicht verlassen. Daran will ich immer denken, dieser Stein soll mich daran erinnern.

Orpa: Ich werde umkehren. Gott schütze euch.

Rut und Noomi: Gott möge dich beschützen.

Orpa geht in die Richtung zurück, wo sie hergekommen sind.

Noomi: Ich glaube, es ist gut, wie sich jede entschieden hat. Nicht immer muss jede das Gleiche tun. So soll es gut sein. Was willst du denn mit dem alten Stein, Rut?

Rut: Das ist mein Erinnerungsstein. Er erinnert mich an Orpa und an den Abschied, aber auch an meine Entscheidung, bei dir zu bleiben. Ich liebe Steine. Der soll in unserem neuen Zuhause einen schönen Platz finden.

Noomi: Wenn du meinst, du musst ihn ja tragen.

Rut: Wann sind wir endlich da?

Noomi: Schau, da vorn ist Betlehem.

Vorhang zu, Kulisse aufhängen, wenn vorhanden

Mia: Die beiden Frauen kamen endlich an. Aber das kleine Häuschen von Noomi von früher war ganz verwildert. Kein Gemüse im Garten, alles sah verlassen aus.

Vorhang auf

Noomi: Schau mal, wie es hier aussieht. Ein trauriger Anblick. Als ich hier fortgezogen bin, hatte ich Elimelech, Machlon und Kilijon. Und jetzt habe ich niemanden mehr.

Rut: Stimmt doch gar nicht. Du hast mich: Wo du hingehst, da will auch ich hingehen.

Noomi: Ja, ich weiß, aber ich bin einfach traurig. Ich kann nichts dagegen machen.

Rut: Ich werde jetzt den Garten anlegen, mit schönen Steinen in den Beeten. Und mit meinem Erinnerungsstein.

Noomi: Wir haben nichts zu essen, sollen wir hungern. Bis im Garten etwas wächst, dauert es lange!

Rut: Ja, du hast Recht. Ich werde auf das Getreidefeld gehen. Dort ist gerade die Ernte in vollem Gang. Die Armen dürfen hinterherlaufen und einsammeln, was übrig bleibt. Ich werde versuchen, ein wenig Getreide zu sammeln.

Noomi: Du bist tüchtig. Geh nur, Rut, das wird uns helfen.

Vorhang zu

Mia: Ich weiß auch nicht, wer ich jetzt am Liebsten wäre: Orpa, Rut oder Noomi. Auf jeden Fall finde ich es echt klasse von Rut, dass sie Noomi nicht allein gelassen hat. Orpa hat ja ihre Familie in Moab. Und Noomi finde ich auch sehr nett. Sie hat beiden die Wahl gelassen. Rut fühlt sich – glaub ich – der Noomi ganz nahe. Ich glaube, die zwei sind echte Freundinnen geworden.

Und wisst ihr was, Kinder? So ein Erinnerungsstein ist etwas Schönes. Ich glaube, ich hätte auch gerne einen, am liebsten von einer guten Freundin.

GRUPPENARBEIT DRITTER TAG

Anfangsspiel

Geschichte wird nacherzählt.
Auf drei Stühle werden Zettel mit den Namen von Rut, Noomi und Orpa gelegt. Darunter stehen die Satzanfänge: „Ich fühle mich … Ich denke an …“ Im Gespräch (bei älteren Kindern als Schreibgespräch) werden die Satzanfänge ergänzt.
Drei Kinder aus der Gruppe spielen die Abschiedsszene nach und äußern die gesammelten Gedanken, Gefühle …
Je nach Alter bieten sich weitere Gesprächsthemen an:
Entscheidungen treffen, Was sind schwierige Entscheidungen? Wie kann ich abwägen (dazu wird eine Waage mit Gewichten mitgebracht)?; am Beispiel der Entscheidung von Rut oder Orpa oder einem Beispiel der Kinder werden Argumente pro und contra gesammelt, für jedes Argument wird ein Gewicht in die entsprechende Waagschale gelegt.

Bedeutung von Freundschaften: In die Mitte wird ein Kreis aus gelbem Tonpapier gelegt. Dazu passend gibt es gelbe Papierstreifen. Gemeinsam wird gesammelt, was zu einer guten Freundschaft gehört. Je nach Alter wird das Genannte in Stichworten notiert oder ein passendes Symbol aufgezeichnet oder der Streifen wird nur in die Mitte gelegt. So entsteht eine Sonne der Freundschaft, die ausstrahlt.

Basteln: Ein Freundschafts- oder Erinnerungsstein entsteht. Je nach Umgebung suchen die Kinder draußen nach einem geeigneten glatten Stein oder wählen einen Stein aus einem Korb aus, den die Gruppenleitung mitgebracht hat. Jedes Kind darf einen Stein bemalen und entscheidet für sich, ob es ein Erinnerungsstein für sich selber wird oder ein Geschenk für eine/n gute/n Freund/in. Vor dem Bemalen werden die Steine gewaschen und abgetrocknet, die Restfeuchte trocknet während der Spielpause. Zum Bemalen eignen sich nicht abwaschbare Overheadfolienstifte, Lackmalstifte oder Porzellanmalfarben (müssen am nächsten Tag im Backofen eingebrannt werden).

ABSCHLUSS DES DRITTEN TAGES

Lied **Gute Freunde …** *(siehe Seite 59)*

Die Maus Mia lässt sich die Steine zeigen; sie unterstreicht nochmals, wie wichtig Freunde sind; dabei ergänzt sie noch einen wichtigen Aspekt: Rut, Noomi und Orpa haben erfahren, dass die Freundschaft mit Gott etwas ganz Wichtiges ist. Wer Gottes Freundschaft annimmt, darf erfahren und spüren, nie verlassen zu sein. Die Maus Mia lädt ein, den Abschluss in der Kirche (oder an einem anderen geeigneten Ort) zu gestalten. Der Abschluss kann auch ein Stück gemeinsamen Weges beinhalten, eine Art Pilgerweg zu einer Kappelle, zu einem Wegkreuz …

Abschlussgebet und Segen

Lied **Das wünsch ich sehr**

Text: Kurt Rose Musik: Detlev Jöcker

VIERTER TAG: MUTIGE FRAUEN FINDEN EINEN WEG!

Rollenverteilung vierter Tag:

Mia (Moderation):..
Puppenspiel
Noomi:..
Rut: ....
Arbeiter 1 (A 1):..
Arbeiter 2 (A 2):..
Boas:..
kleine Fingerpuppe (Maus):..

An diesem Tag wird in der Anfangsandacht das Lied „Ein Korn für dich und ein Korn für mich …" gesungen *(siehe Seite 60)*.

Mia: Wisst ihr noch, Rut wollte am nächsten Tag zum Ährenlesen gehen. Das ist ein Fest für mich, ich war natürlich dabei. Beim Ährenlesen fallen immer Körner ab für hungrige Mäuse *(reibt sich den Bauch)*.

Mia singt auf die Melodie von „Ein Korn für dich …" den Text: Ein Käse für dich und ein Käse für mich … Kinder singen eventuell mit.

Und stellt euch vor, was ich da gesehen habe:

Vorhang auf, Kornfeld, Requisiten: Kleine Sense, Bund Stroh, zwei Arbeiter sprechen im Wechsel.

A 1: So viel Arbeit mit dem Getreide, ist das anstrengend!

A 2: Ja, aber wenigstens eine gute Ernte. Das Wetter war gut, nicht so viel Regen. Sonst verschimmelt nämlich das Getreide!

Rut nähert sich.

A 1: He, was machst du da, was willst du hier?

Rut: Ich heiße Rut und wohne hier mit meiner Schwiegermutter Noomi. Wir sind arm, und möchten hinter euch hergehen, um die liegen gebliebenen Ähren aufzusammeln.

A 2: Von mir aus, unser Herr, der Boas, ist ein guter Mensch, er wird nichts dagegen haben. Außerdem, ich kenne dich. Deine Schwiegermutter Noomi ist um ein paar Ecken mit Boas, meinem Herrn, verwandt. Also nimm mit, was du tragen kannst.

Rut: Danke, ihr seid sehr nett. Vielen Dank! *(sammelt Ähren, Boas kommt näher, Rut sieht ihn, wirft sich auf die Knie)* Was kann ich für dich tun, Boas?

Boas: Steh auf, ich habe gehört, dass du dich so liebevoll um deine Schwiegermutter Noomi kümmerst. Du bist freiwillig mit ihr in das fremde Land gegangen. Gott möge dich dafür segnen und belohnen. Bleib auf meinen Feldern. Da wird es dir gut gehen. Niemand wird dir etwas Böses tun.

Rut: Danke, mein Herr. Aber für heute werde ich nach Hause gehen. Mein Bündel ist schon so schwer *(trägt Ährenbündel, läuft nach Hause)*. Schau nur, Noomi, wir haben genug zu essen. Boas ist ein netter Mann, wir dürfen immer kommen und sammeln.

Noomi: Das hast du gut gemacht! Rut, ich muss noch etwas mit dir besprechen. Es ist nicht gut, dass du immer allein bist. Du bist noch jung, du könntest noch einmal heiraten.

Rut: Und wen?

Noomi: Bist du blind? Hast du nicht gemerkt, dass Boas sehr freundlich zu dir ist? Ich glaube, er hat dich gern. Und du?

Rut: Ja, ähm, *(stottert herum)* ich weiß auch nicht, ich bin doch Ausländerin und arm und …

Noomi: Ich mache dir einen Vorschlag: Geh heute Abend zur Tenne des Boas, dort wird die ganze Nacht Getreide gedroschen. Er bleibt auf, um alles zu überwachen.

Rut: Meinst du wirklich, ich soll es versuchen?

Noomi: Wer wagt, gewinnt! Wer nichts wagt, kann nichts gewinnen!

Rut: Dann zieh ich mir etwas anderes an, mein bestes Gewand.

Vorhang zu

Mia: Na, ich sag's euch, jetzt wird's spannend. Ob das was wird mit den beiden? Ich weiß auch nicht.

Vorhang auf

Rut: *(in schönem Kleid)* Mann, hab ich Herzklopfen *(sie sieht Boas unter einer Decke liegen, flüstert)*. Da liegt er ja und schläft. Ich werde mich anschleichen und mich leise dazusetzen.

Boas: Wer bist du? Was willst du?

Rut: Erkennst du mich nicht? Ich bin Rut, vom Getreideacker.

Boas: Du bist es?

Rut: Ja, äh, ich wollte dir noch was sagen, äh, ich mag dich und es wäre schön, wenn du mich heiraten würdest. Ich bin bestimmt eine gute Ehefrau und eine tüchtige Arbeiterin.

Boas: Das glaube ich gerne. Ich mag dich auch, aber ich muss vorher noch einiges klären. Lass mir ein paar Tage Zeit, dann will ich dir antworten.

Rut: So soll es sein. Ich muss jetzt gehen, es wird schon hell.

Boas: Hier, nimm das mit, dann habt ihr genug für die nächsten Tage. Und grüße Noomi.

Rut: Danke. *(geht weiter, leise)* Am liebsten hätte ich ihn geküsst. Hoffentlich sagt er Ja. Mann, bin ich aufgeregt.

Noomi: Und, wie war es? Was sagt er?

Vorhang zu

Mia: Und dann haben Rut und Noomi alles haarklein besprochen, wie das echte Freundinnen tun. Habt ihr auch solche Freundinnen oder Freunde, mit denen ihr alles besprechen könnt? Rut und Noomi reden ganz lang und ausführlich, stundenlang. Über jede Kleinigkeit. Und jetzt müssen sie warten, bis Boas sich entscheidet. Und wir leider auch, bis morgen!

GRUPPENARBEIT VIERTER TAG

Spiel

- Geschichte aufarbeiten: Einstieg mit dem Thema „Hände“. Was können unsere Hände tun? Jedes Kind umfährt seine Hände auf einem Plakat. In die Hände werden die Stichworte notiert: hart, zärtlich, liebevoll, trösten, schlagen, streicheln, arbeiten, teilen, verschenken …
- Das Verhalten von Rut wird im Gespräch erörtert, ebenso das Verhältnis zwischen Rut und Noomi.
- Die Geschichte aus Momo (Michael Ende) mit Beppo, dem Straßenkehrer, wird vorgelesen. Daran schließt sich ein Gespräch an über Arbeit: Menschen erfüllen ihre Aufgaben verschieden: zufrieden, sie machen das Beste daraus oder sind unzufrieden.

- Für ältere Kinder: Aus Schaschlikstäben und Tonpapier werden drei Figuren hergestellt für ein Schattenspiel (Boas, Rut und Noomi); die Kinder spielen (mit Taschenlampe und weißem Tuch) selber die Geschichte des Tages als Schattenspiel (mit oder ohne Sprecher/-in, Erzähler/-in)
- Um für den letzten Tag (Thema „Fest") schon etwas vorzubereiten, gibt es eine längere Spielphase, bei der sich die Kinder kreativ betätigen können: als Jongleure mit Bällen, Tüchern, Stäben mit Jongliertellern; Dekoration für das Fest; Einladung an die Eltern gestalten …

ABSCHLUSS DES VIERTEN TAGES

Lied **Gute Freunde …** *(siehe Seite 59)*

Mia jongliert einen Teller auf einem Holzstab.

Das macht echt Spaß, aber ist ganz schön schwierig. Ich habe das einmal auf einem Fest gesehen. Da hat einer gleich mehrere Teller jongliert. *(seufzt)* Mal wieder ein Fest, das wäre auch nicht schlecht. Aber heute bin ich erst mal fix und fertig. Ich brauche jetzt dringend eine gemütliche Ecke im Stroh, wo mich keine Katze jagt. Tschüss, bis morgen.

Gebet und Segen

Rollenverteilung fünfter Tag:

Mia (Moderation): ....
Puppenspiel
Noomi: ....
Rut: ....
Boas: ....
kleine Fingerpuppe (Maus): ....
Leute als Hochzeitsgesellschaft
(auf eine Tafel gemalt): ....

Mia: Stellt euch vor, was ich gestern Abend belauscht habe. Noomi hat gebetet (eigentlich soll man beim Beten nicht lauschen, sondern nur mitbeten, aber ich kann echt nichts dafür). Ich wollte mich gerade in mein Mäuseloch verkriechen, da habe ich es gehört: Lieber Gott, hilf, dass Boas Ja sagt. Und wenn es klappt, dann schenke ich Rut meine schönste und liebste Decke, die ich zur Hochzeit bekommen habe. Hoffentlich klappt die Sache, lasst uns mal schauen.

Vorhang auf

Boas: *(klopft an)* Ist jemand zu Hause?

Rut: *(springt heraus)* Ja, hier bin ich! Und Noomi ist auch hier.

Noomi: *(komt heraus)* Herzlich willkommen, Boas, was führt dich in unser ärmliches Haus?

Boas: Ja, also, da gibt es etwas, was ich mit dir und deiner Schwiegertochter besprechen möchte.

Rut: Was denn?

Noomi: Nicht so ungeduldig. Bring unserem Besuch erst einmal einen Tee, er ist sicher durstig. *(Rut verschwindet)*

Noomi: Setz dich, Boas. Ich danke dir, dass du gekommen bist.

Boas: Es hat ein bisschen länger gedauert, die Sache ist kompliziert. Du weißt das vielleicht nicht. Aber von deinem Mann Elimelech, der gestorben ist, gibt es noch einen kleinen Acker.

Noomi: Gehört er mir?

Boas: Nein, so einfach ist es nicht. Er gehört dem Mann, der bereit ist, dich und deine Familie zu versorgen. Das will keiner aus der Verwandtschaft tun, weil ihr ja zu zweit seid. So viel gibt der kleine Acker nicht her. Aber ich musste zuerst alle fragen.

Noomi: Und jetzt?

Boas: Niemand hat etwas dagegen, wenn ich den Acker nehme und für euch sorge.

Noomi: Und Rut?

Boas: Rut soll meine Frau werden, wenn du nichts dagegen hast.

Noomi: Rut, wo bleibt der Tee?

Rut: Ich komme schon, hier ist er.

Boas: *(geht auf sie zu)* Rut, stell den Tee hin und komm mit mir. Wir wollen Wein trinken und Verlobung feiern. In vier Wochen soll die Hochzeit sein.

Rut: *(fällt Boas um den Hals)* Ich freue mich so, ich kann es kaum glauben.

Boas: Lass uns in mein Haus gehen, wir haben viel zu besprechen und vorzubereiten. Noomi, komm morgen zum Mittagessen, du sollst unser Gast sein!

Noomi: Gerne, einen schönen Abend euch beiden! Bis morgen.

Boas und Rut verschwinden.

Noomi: Danke, guter Gott, du hattest da sicher deine Finger im Spiel, es wird eine gute Zeit werden. Beschütze die beiden. Amen.

Vorhang zu

Mia: Haben sie sich doch noch gekriegt, Gott sei Dank. Und wisst ihr, was ein Jahr später geschah? Na was wohl? *(Kinder reagieren lassen)* Sie bekamen ein Kind, einen Jungen. Den nannten sie Obed.

Ich finde, wir könnten den beiden zur Hochzeitsfeier ein Lied singen, oder? Das gehört sich schließlich.

Vorhang auf, Hochzeitsgesellschaft

Gemeinsames Lied **Wir feiern heut ein Fest …** *(siehe Seite 28)*

GRUPPENARBEIT FÜNFTER TAG

Spiel in der Gruppe

- Rückblick auf das Geschehen der letzten Woche, was haben wir alles erlebt? Einladung an die Kinder, eine kleine Bildergeschichte zu malen, entweder real oder mit Symbolen. Die einzelnen Szenen können auch in der Gruppe aufgeteilt werden.
- Ein Fest wird gefeiert mit Boas und Rut. Die Kinder sammeln, was alles zum Fest gehört. Sie entscheiden sich, welche Ideen umgesetzt werden: z. B. Vorführungen als Jongleure, Umdichten eines Liedes, ein Gedicht schreiben und vortragen …
- Spiele überlegen für alle Kinder gemeinsam.
- Abschlussfest mit den Kindern oder auch mit den Eltern.

ABSCHLUSS DES FÜNFTEN TAGES

Gemeinsames Lied **Gute Freunde …** *(siehe Seite 59)*

Mia: Jetzt muss ich mich leider von euch verabschieden. Es war echt eine spannende Woche mit euch. Ihr seid soo nette Kinder, ich werde euch echt vermissen. Aber vielleicht kommt ihr mal wieder hierher, wenn es eine neue Geschichte aus der Bibel zu entdecken gibt. Ich lass mir das auf jeden Fall nicht entgehen. Und vielen Dank auch noch für die viele Post, die Erdnüsse … Und zum Schluss möchte ich noch mein Lieblingslied mit euch singen. *(Einfach spitze … oder den „Hit der Woche" singen)*

Abschlussgebet und Segen

Kopie

CHECKLISTE MATERIAL

- ✔ Für die Maus Mia: graue Kleidung, einen Schwanz (Seil), Mäuseohren (auf einem Haarreif), Schminke für Mäusegesicht
- ✔ Für das Puppenspiel: einfache Stabpuppen (Styroporkopf, runder Stoff, Stab, Filzstifte für das Gesicht): Rut, Orpa, Noomi, Elimelech, Kiljon, Machlon, Boas; für die Leute reicht eine Papptafel an einem Holzstab, auf der mehrere Leute aufgemalt sind, DIN A1 und A2.
- ✔ kleine Fingerpuppe: Maus
- ✔ Bühne: echte Puppenbühne mit Vorhang und gemalten Kulissen oder Tisch mit abgehängtem Tuch
- ✔ Beleuchtung: Raum mit Verdunklung (Vorhänge oder Rollladen), Klemmspots an der Bühne
- ✔ Requisiten für das Puppenspiel:
- ✔ 1. Tag: zwei Decken, Glocke und Rätsche (Zeitmaschine), Text für die Zeitreise, schönes Tuch (Hochzeitstuch Noomis)
- ✔ 2. Tag: Wasserspritze, kleiner Stein, Apfel, zwei weiße Hochzeitstücher, zwei schwarze Trauertücher
- ✔ 3. Tag: Stück Fladenbrot, Erinnerungsstein
- ✔ 4. Tag: einzelne Ähren, Ährengarbe für die Bühne, schönes Tuch für Rut
- ✔ 5. Tag: weißes Tuch als Hochzeitstuch für Rut

GUTE FREUNDE

2. Fremder Weg, ein fremdes Land,
   Gott führt mich an seiner Hand.
   Gott geht mit, ich bin bereit,
   Gott hat immer für mich Zeit.
3. Fremde machen sich bekannt,
   gehen fröhlich Hand in Hand:
   Gottes Kinder einer Welt,
   Friede unterm Himmelszelt.
4. Wo du gehst, da will ich gehn,
   mit dir in die Zukunft sehn.
   Frohe, schwere Lebenszeit
   mit dir teilen, stets bereit.
5. Lasst uns feiern heut ein Fest,
   fröhlich es sich leben lässt.
   Alle Freunde, die ich mag,
   feiern mit an diesem Tag!

Text: Beate Brielmaier
Musik: Markus Grohmann

EIN KORN FÜR DICH UND EIN KORN FÜR MICH

Text: Rolf Krenzer Musik: Peter Janssens, © Peter Janssens Musik Verlag, Telgte-Westfalen

Weitere Liedvorschläge

- Einfach spitze, dass du da bist
- Gott, dein guter Segen ist wie ein großes Zelt
- Gott, dafür will ich dir danke sagen
- Wo ein Mensch Vertrauen gibt
- Pfadfinderlied (Kriecht aus eurem Schneckenhaus)
- Gib uns Ohren, die hören (Kanon)
- Das wünsch ich sehr
- Wir feiern heut ein Fest *(siehe Seite 28)*
- Der Himmel geht über allen auf (Kanon)
- Laudato si
- If you're happy and you know it
- He's got the whole world

Sonstiges

- Wer gerne gestalterisch arbeitet und große Flächen (z. B. Tapete) zur Verfügung hat, kann parallel zur ganzen Woche ein großes Wegbild gestalten, auf dem die einzelnen Stationen zu sehen sind. Dazu werden die Figuren schemenhaft aus Tonpapier ausgeschnitten und auf einen Weg geklebt, die jeweils passende Landschaft wird gemalt (trockenes Land, grünes Land, Tenne des Boas ...).
- Eine Gruppe mit älteren Kindern kann eine Diaserie (oder Overheadfolien) zur Geschichte zeichnen. Mit wenig Farben und Aufwand entstehen dabei wirkungsvolle Kunstwerke. Am Ende der Woche (oder in einem Abschlussgottesdienst) kommen die Bilder zum Einsatz. Anhand der Bilder erzählt die Leitung in Kurzversion die biblische Geschichte.

THEMA: **IN GOTTES HAND, DA IST ES GUT!**

KINDERBIBELTAGE ZUM THEMA TAUFE

BIBLISCHE TEXTE: Grundlage sind verschiedene biblische Texte, die sich mit dem Thema Taufe an sich, einem Taufsymbol oder der Bedeutung von Taufe befassen:
Ich bin das Licht der Welt: Genesis / 1. Buch Mose 1,1–5 (Licht und Finsternis) in Verbindung mit Johannes 8,12 (Das Wort Jesu: Ich bin das Licht der Welt)
Getauft in lebendigem Wasser (Die Taufe des Äthiopiers, Apostelgeschichte 8,26–39)
Effata – öffne dich! (Markus 7,31–37: Die Heilung eines Taubstummen)

ZIEL: Die Kinder befassen sich im Rahmen dieser Kinderbibeltage mit dem Thema Taufe. Je nach Vorwissen oder Vorerfahrungen lernen sie die Symbole der Taufe in Verbindung mit biblischen Texten kennen oder vertiefen sie.

ZIELGRUPPE: Kinder im Alter von fünf bis zwölf Jahren im Rahmen von Gemeinde, Freizeiten oder Projekttag im schulischen Religionsunterricht. Eine mögliche Zielgruppe ist eine Kindergruppe, die sich im Rahmen der Kinderbibeltage auf die eigene Taufe vorbereiten möchte.

GRUPPENGRÖSSE: bis zu 50 Kinder (mindestens sechs)

MITARBEITER/-INNEN: Wird alles in der Großgruppe gestaltet, reichen drei Personen für die Leitung. Sollen die Kinder in Gruppen aufgeteilt werden, braucht es pro acht bis zehn Kinder eine Leitungsperson. Sinnvoll ist die vorgeschlagene Variante mit Wechsel zwischen Großgruppe (Anfang und Schluss) und Kleingruppenphase dazwischen.

ZEITRAHMEN UND EINSATZBEREICHE:

Jede Einzeleinheit dauert ca. zwei Stunden, die Erfahrungsbereiche draußen (Wassererfahrung, Besuch einer Kirche …) sind darin nicht enthalten.
Im Rahmen einer Kinderbibelwoche findet halbtags eine Einheit statt.
Alternativ am Wochenende: Dies bietet sich besonders als Kinderbibelwochenende für eine Kindergruppe an, die sich auf die eigene Taufe vorbereitet; geeignet auch für ein Kinderwochenende zur Tauferinnerung.

CHANCEN:

Zunehmend mehr Kinder in unserer Gesellschaft sind nicht getauft. Dies gilt v. a. für die neuen Bundesländer in Deutschland und alle städtischen Gebiete.
Im Alter von acht/neun Jahren oder bereits beim Schuleintritt stellt sich bei manchen Familien die Frage nach der Taufe.
Auch im Rahmen der Erstkommunionvorbereitung (katholische Kirche) oder bei der Vorbereitung auf das Kinderabendmahl bzw. K3 (evangelische Kirche) stellt sich diese Frage.

HINWEISE:

Bei den Kinderbibeltagen zur Taufe ist es sinnvoll, die Umgebung (Landschaft, Kirchen …) mit in die Arbeit zu integrieren.
Ideal ist es, wenn die Kinderbibeltage zeitlich so gelegt werden, dass im Abschlussgottesdienst eine Taufe gefeiert wird.
Die Kinderbibeltage zur „Taufe“ bauen zwar inhaltlich aufeinander auf, sie können aber auch in anderer Reihenfolge oder nur als Auswahl einzelner Themen umgesetzt werden.

IN GOTTES HAND, DA IST ES GUT!

Kinderbibeltage zum Thema Taufe

SCHRITT FÜR SCHRITT

Tagesablauf

- Gemeinsames Begrüßungslied im Plenum bzw. in der Gruppe (wenn die Kinderbibeltage nur für eine kleine Gruppe stattfinden)
- Einteilung in Gruppen – am ersten Tag Gestaltung der Namensschilder
- Gruppenarbeitsphase
- Miteinander Wege gehen (Außenerfahrungen)
- Abschlusslied: Wer begleitet uns auf allen unsren Wegen?

ERSTE EINHEIT: ICH BIN DAS LICHT DER WELT

(Genesis / 1. Buch Mose 1,1–5; Johannes 8,12)

Lied **Ich will dich begrüßen**

Text und Musik: überliefert

Kärtchen aus Fotokarton werden an die Kinder verteilt. Auf den Kärtchen ist der Taufstein/das Taufbecken der dazugehörigen Kirche zu sehen, wenn es mehrere Gemeinden/Kirchen sind, können sie auch verschieden sein. Für die Einteilung in Gruppen ist es gut, pro Gruppe eine Farbe zu wählen. Damit die Namenskarten während der Kinderbibeltage weiter gestaltet werden können, ist es wichtig, zarte Farben zu wählen (Hellblau, Mintgrün, Hellgelb, Weiß …)
Die Kinder werden namentlich aufgerufen (Zuteilung der Farben entweder nach Alter oder altersgemischt). Die Kinder schreiben in den Taufstein auf der Karte ihren Vornamen. Mit einem Band wird das Namensschild um den Hals gehängt. (Alternative: Mit Heißklebepistole auf eine Wäscheklammer montieren.)

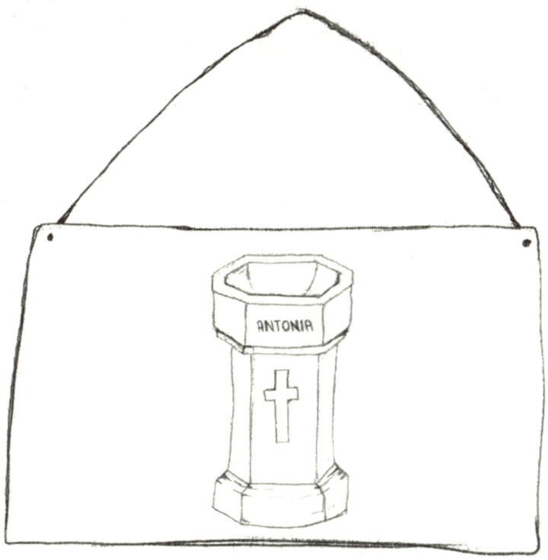

GRUPPENARBEITSPHASE

Assoziationsübung: Ein dunkles/schwarzes Tuch wird in die Mitte gelegt. Was fällt uns alles dazu ein? *(Die Kinder äußern frei ihre Assoziationen.)*
Einige Orffsche Instrumente (Xylophon, Handtrommel, Triangel, Holzstäbe …) werden ausprobiert. Welche Klänge, Instrumente … passen gut zu der dunklen Farbe.
Assoziationsübung: Die Hälfte des dunklen Tuchs wird mit einem gelben Tuch abgedeckt. Was fällt uns dazu ein? *(Die Kinder äußern frei ihre Assoziationen.)*

Wieder werden Instrumente ausprobiert: Welche Klänge passen zu der gelben Farbe, zu unseren Ideen …
Die Instrumente werden anschließend an alle Kinder verteilt. Das helle Tuch wird weggelegt.
Die Leitung erzählt den ersten Schöpfungstag. Die Kinder werden eingeladen, passend dazu die Geschichte mit ihren Instrumenten mitzuerzählen, d. h. zum Klingen zu bringen

Text **Die Erschaffung des Lichts**

(Genesis / 1. Buch Mose 1,1–5)

Im Anfang schuf Gott Himmel und Erde. Auf der Erde war kein Leben. Alles war wüst und leer. Es war finster. Finsterer als die dunkelste Nacht. Wasser bedeckte das Land. Doch Gottes Kraft schwebt über der Dunkelheit und dem Wasser.
Gott sprach: „Es werde Licht!“ *(L. stellt eine Kerze mitten in das Dunkle.)* Und es geschah so, wie Gott es gesagt hatte. Es wurde Licht. Es wurde hell auf der Erde. Gott schaute das Licht an. Das Licht tat gut. Gott sah, dass das Licht gut war. Gott trennte das Licht von der Finsternis. Gott nannte das Licht Tag und die Finsternis Nacht. Da wurde es Abend, es wurde wieder dunkel. Der erste Tag war vorbei. Und es kam die Nacht, bis es wieder morgen wurde. Und wieder wurde es hell. Ein neuer Tag konnte beginnen.

Kurzes Gespräch folgt (Wofür ist Licht in unserem Leben wichtig? …). Einladung an die Kinder, Licht in das Dunkle zu bringen. Dafür erhalten sie diverses Legematerial: Gelbe oder andere helle Stoffstreifen, kleine Teile aus Holz in den Farben Weiß und Gelb, Teelichter im Glas … (einen Fundus bietet das Legematerial aus dem RPA-Verlag, s. unter Kapitel Materialien). So entsteht ein gemeinsames Mittebild.
Gestaltung zu „dunkel-hell“:
Je nach Möglichkeiten und Alter der Kinder sowie Zeitbudget bieten sich verschiedene (aufwändige oder ganz einfache) Möglichkeiten an: Ein Glas wird mit schwarzen Seidenpapierresten beklebt, möglichst in mehreren Schichten; an einigen Stellen dürfen auch ganz kleine Lücken sein. Wird darin ein Teelicht entzündet, fallen einzelne Lichtstrahlen durch das Dunkel: Licht in der Finsternis.

Ein festes Papier (Tonpapier) wird mit Gelbtönen bemalt. In derselben Größe erhalten die Kinder ein schwarzes Tonpapier. Die Kinder schneiden oder reißen Öffnungen in das schwarze Papier, so dass das Helle mehr oder weniger Raum bekommt. Ältere Kinder machen das gerne mit einem Bastelmesser. Die Kinder entscheiden selber, ob die Öffnungen im Dunkel dauerhaft sind oder ob es wieder Nacht werden kann. Dazu verwendet man die Klapptechnik. Dabei wird das schwarze Papier nicht ganz abgerissen, sondern kann wieder zugeklappt werden. Abschließend wird das schwarze Papier auf das gelb gestaltete gelegt und an den Rändern festgeklebt.
Eine weitere Gestaltungsmöglichkeit ist die Arbeit mit Wachsmalfarben. Dazu wird ebenfalls ein Papier mit hellen Farben bemalt; ist es getrocknet, wird das gesamte Bild mit schwarzem Wachsmalstift übermalt. Mit Kratztechnik werden Teile der schwarzen Farbe entfernt.

Spielpause

Die entstandenen Bilder werden kreisförmig um die Mittegestaltung gelegt und betrachtet, bestaunt (nicht gewertet!)
Liedruf: Gottes Wort ist wie Licht in der Nacht
Die Leitung erzählt, dass die Erzählung von Licht und Finsternis aus dem Ersten Testament stammt. Johannes, der Evangelist, erzählt uns von einem wichtigen Satz über das Licht:

Text **Ich bin das Licht**

(Johannes 8,12)

Jesus sagt: Ich bin das Licht der Welt, wer mit mir geht, wird nicht im Finstern sein.

Die Kinder werden eingeladen, den Satz als Liedruf miteinander zu singen.

Text und Musik: Franz Kett. Aus: Religionspädagogische Praxis. Handreichung für elementare Religionspädagogik, 1987. Nr. IV. Alle Rechte bei RPA Verlag, Landshut

ABSCHLUSS IN DER GRUPPE

Die Kinder zeichnen auf oder neben den Taufstein (Namensschild) eine brennende Kerze.

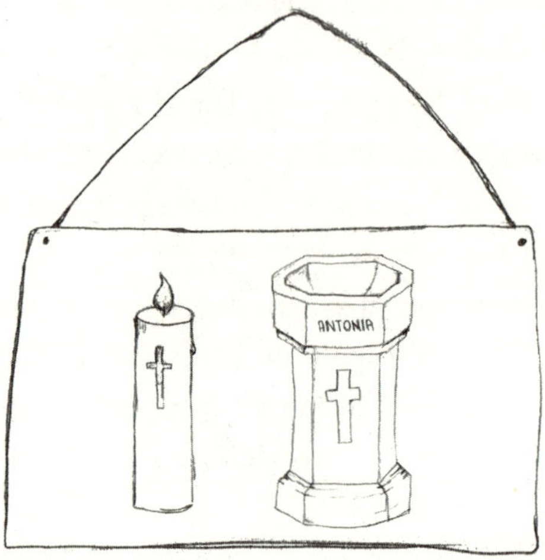

Miteinander Wege gehen

Alle Kinder bzw. die Kinder aller Gruppen machen sich auf den Weg in die Kirche. Wenn möglich, haben die Kinder ihre Taufkerzen dabei, alternativ erhalten sie kleine Kerzen (mit Tropfschutz). Die Kinder stehen im Kreis um den Altar, ein Kind entzündet seine Kerze an der Osterkerze oder Altarkerze, das Licht wird nach rechts und links im Kreis weitergegeben. Dazu wird nochmals der Liedruf gesungen: Ich bin das Licht der Welt.

Freies Abschlussgebet

Abschlusslied **Wer begleitet uns?**

Am besten auswendig singen, damit die Kinder die Kerze halten können.

Segen

Ergänzung

Kinder, die getauft werden sollen, verzieren/gestalten ihre eigene Taufkerze mit Verzierwachs.

ZWEITE EINHEIT: GETAUFT IN LEBENDIGEM WASSER

(Apostelgeschichte 8,26–39: Die Taufe des Äthiopiers)

- Gemeinsames Begrüßungslied, anschließend das Lied vom Tag zuvor (Wer begleitet uns … Refrain und Strophe 1) *(siehe Seite 80)*
- Im Plenum gemeinsamer Spaziergang (mit Gummistiefeln) an einen Bach, Quelle, Weiher …
- Spielzeit für die Kinder am Wasser
- Gespräch am Wasser mit allen über die guten und schwierigen Seiten des Wassers.
- Jede Gruppe nimmt sich ein Glas Wasser mit (dabei wird vielleicht entdeckt, dass im Wasser Leben ist!).

GRUPPENARBEITSPHASE

In der Kleingruppe: Die Leitung möchte eine biblische Geschichte erzählen, dafür braucht es einen Schauplatz. Die Geschichte spielt im Land Israel. Die Kinder gestalten in der Mitte das Land. In Israel gibt es einen großen Fluss, den Jordan. Mit farbigen Tüchern und Legematerial wird der Fluss gelegt. In den Fluss stellt die Gruppe ihr Wasserglas. Neben dem Fluss wird fruchtbares Land gestaltet, etwas weiter entfernt Wüste und Berge.

Wenn der Schauplatz fertig ist, werden folgende Begriffe eingeführt bzw. gesichert, bevor die Geschichte erzählt wird:

Jerusalem: Die Hauptstadt in Israel, damals und heute.

ein Minister: ist ein Mitarbeiter in der Regierung, damals und heute.

Schriftrolle: Zur Zeit Jesu gibt es noch keine Bücher. Was die Menschen über Gott aufschreiben, kommt auf lange Streifen zum Beispiel auf Leder und wird dann zusammengerollt.

Die biblische Geschichte wird frei erzählt (zur Orientierung ein Textvorschlag anbei). Dazu stellt die Leitung biblische Erzählfiguren in den Schauplatz. Statt der Jesusfigur kann auch eine brennende Kerze (Jesuskerze) verwendet werden.

Die Taufe des Ministers aus Afrika (Textvorschlag)

(Apostelgeschichte 8, 26–39)

Eines Tages kommt Besuch nach Jerusalem, ein Minister aus Afrika. Er ist in seinem Land, in Äthiopien, ein wichtiger Mann. Er kommt mit seinem Wagen. Die Leute wundern sich: Was will der Mann aus Afrika bei uns?

Der fremde Minister hat in seinem Land von Gott gehört. Er will mehr davon erfahren. Er kauft sich eine Schriftrolle. Dort steht vieles geschrieben über Gott. Leider kann er das meiste nicht so recht verstehen.

Unterwegs trifft er einen Mann. Sein Name ist Philippus. Philippus ist getauft und gehört zur christlichen Gemeinde. Er kennt sich gut aus mit den Schriften und was darin über Gott geschrieben steht. Und er weiß viel von Jesus. Der Minister lädt Philippus in seinen Wagen ein. Er bittet ihn: „Fahr mit mir und erzähl mir von Gott.“

Philippus erzählt ihm von Jesus. Jesus ist Gottes Sohn. Er lebte hier und erzählte von Gottes Liebe zu uns Menschen. Jesus heilte Kranke, half den Menschen und kümmerte sich um sie. Er wurde gekreuzigt und starb. Aber er ist auferstanden und lebt, mitten unter uns. Das feiern wir jedes Jahr an Ostern. Jesus lädt alle Menschen ein, gut zu leben und an Gott zu glauben.

„Das möchte ich auch“, sagt der Minister aus Afrika. „Wenn du willst“, antwortet Philippus, „kannst du dich taufen lassen.“ Der Minister will es. Sie halten am Fluss an. Philippus fragt ihn: „Glaubst du, dass Jesus Gottes Sohn ist?“ Der Minister antwortet: „Ja, ich glaube.“

Da tauft Philippus den Minister auf den Namen Jesu Christi. Philippus spürt das erfrischende Wasser, aber noch mehr spürt er eine erfrischende Kraft in seinem Herzen. Er ist sich sicher: Das war eine gute Entscheidung.

Gespräch

mit den Kindern über

- die Erfahrungen des Philippus
- Erinnerungen an die eigene Taufe
- Was bedeutet es, getauft zu sein?

Lied Ich habe einen Namen und ich bin getauft

In der Gruppe (falls alle getauft sind).

ABSCHLUSS IN DER GRUPPE

Die Kinder zeichnen Wasser auf ihr Namensschild, z. B. Wasserwellen (Jordan), Wassertropfen oder einen Krug, aus dem Wasser fließt.

Miteinander Wege gehen

Rundgang durch die Gruppen, um das gestaltete Land Israel zu bewundern.
Anschließend Gemeinsamer Abschluss im Plenum mit dem Lied „Wer begleitet uns …?"

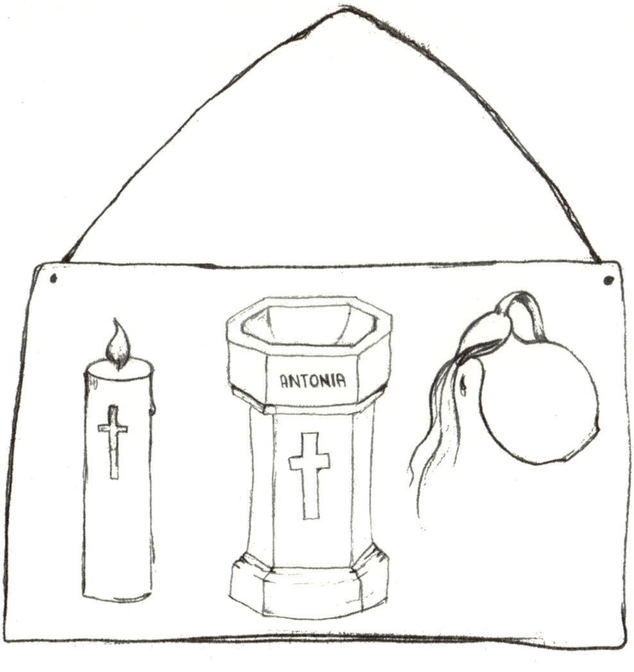

DRITTE EINHEIT: EFFATA – ÖFFNE DICH!

(Markus 7,31–37: Die Heilung eines Taubstummen)

Begrüßungslied

Lied mit Gesten **Gib uns Ohren, die hören …** *(siehe Seite 41)*

FOLGENDE GESTEN WERDEN EINGEÜBT:

Liedtext	Gesten
Gib uns Ohren, die hören,	*Hände an die Ohren;*
und Augen, die sehn,	*Finger unter die Augen halten;*
und ein weites Herz,	*vom Herz mit beiden Händen und Armen eine Bewegung nach außen;*
andre zu verstehn	*zum Kreis durchfassen;*
Gott gib uns Mut, unsre Wege zu gehn.	*im Kreis zum Takt der Musik gehen*

Der Kanon wirkt besonders schön, wenn er in drei Kreisen getanzt/gesungen wird.

GRUPPENARBEITSPHASE

- Spiel: Stille Post oder Flüsterpost; ein Begriff oder Satz wird dem Nachbarn ins Ohr geflüstert; er wird im Kreis herum weitergeflüstert. Was beim letzten Kind ankommt, ist meist einen Lacher wert.
- Pantomimisches Spiel: Begriffe raten (auf Papierstreifen stehen Begriffe, z. B. Berufe, Sportarten oder Tätigkeiten); ein Kind darf den Begriff lesen, spielt ihn vor, die anderen raten.
- Überleitung: Gespräch mit den Kindern darüber, welche Bedeutung Hören und Sprechen für uns Menschen hat; im Spiel darauf zu verzichten (Pantomime) macht Spaß. Wer nicht hören und nicht sprechen kann, muss auf vieles verzichten. Die Kinder sammeln gemeinsam die Schwierigkeiten. Eventuell Bezug nehmen, falls ein Kind eine betroffene Person kennt.

- Die biblische Geschichte von der Heilung des Taubstummen wird erzählt. Hilfreich ist es, dafür zwei biblische Erzählfiguren zu verwenden (Jesus und der Taubstumme).

Text **Effata – öffne dich!**

(Markus 7,31–37)

Wir brauchen für unsere Geschichte einen Weg am See von Galiläa.

(Mit den Kindern wird der See aus blauen Tüchern gelegt, am Ufer ein Weg aus braunen Tüchern. Mit Steinen wird der Weg gestaltet).

Jesus ist am See von Galiläa unterwegs.

(Die Jesusfigur wird auf den Weg gestellt.)

Dort lebt ein Mann, der taub und stumm ist. Er kann nicht hören und nicht sprechen.

(Eine weitere Figur wird etwas entfernt von Jesus auf den Weg gestellt. Sie hat eine Binde auf der Höhe von Mund und Ohren umgebunden.)

Wenn sich die Leute unterhalten, bekommt er wenig mit. Er spürt, dass etwas Besonderes los ist am See von Galiläa, aber er weiß nicht genau, was geschehen ist. Manchmal hat er das Gefühl, von einer großen Mauer umgeben zu sein.

(Gemeinsam mit einem Kind wird aus schwarzen gerollten Tüchern ein Ring um den Taubstummen gelegt.)

Der Taubstumme hat Zeit. Viele Gedanken gehen ihm durch den Kopf:

(Entweder erzählt die Leitung die Gedanken oder die Kinder werden ermuntert, die Gedanken des Taubstummen zu äußern. Zu jedem Gedanken legt ein Kind einen Stein zur Mauer.)

Ich fühle mich einsam.
Immer bin ich allein.
Was wohl die anderen gerade erzählen.
Ich würde so gerne arbeiten, aber mich kann keiner brauchen.
Ich würde so gerne sprechen und erzählen.
Könnte ich nur hören.
Die anderen machen sich so oft über mich lustig, und ich weiß nicht, was sie sagen. …

Einige Menschen sind gut zu dem Taubstummen. Sie kümmern sich um ihn. Sie hören, dass Jesus in der Nähe ist. Da beschließen sie, etwas für den Taubstummen zu tun. Jesus hat schon vielen Menschen geholfen. Deshalb bringen sie den Taubstummen zu Jesus.

(Die Figur wird zu Jesus gestellt. Parallel dazu wird die dunkle Mauer ein wenig geöffnet.)

Sie bitten Jesus: Berühre ihn, nur du kannst ihm helfen. Er kann nicht hören und nicht sprechen.

Jesus wendet sich dem Taubstummen zu, legt ihm seine Finger in die Ohren und berührt seine Zunge mit Speichel. Danach blickt Jesus zum Himmel, seufzt und ruft laut: Effata – öffne dich!

(Der Ruf kann auch gesungen werden: Refrain aus dem Lied Seite 75)

Sogleich öffnen sich seine Ohren und seine Zunge wird gelöst.

Er kann sprechen und hören

(Die Binde wird der Figur abgenommen.)

Laut ruft er es allen zu: Ich kann hören und sprechen. Jesus hat mir geholfen.

(Die Figur wird an den ursprünglichen Platz zurückgestellt.)

Sein ganzes Leben hat sich verändern. Er kann jetzt sagen, was er denkt:

(Zu jedem Gedanken wird ein Stein zur Seite gelegt oder die Mauer ein Stück geöffnet. Jeweils ein gelber Stoffstreifen wird strahlenförmig um die Figur gestellt.)

Ich fühle mich wie neu geboren.
Ich bin nicht mehr einsam.
Ich kann die Stimmen und Geräusche hören.
Es ist auf einmal so laut um mich herum.
Gott, ich danke dir, dass Jesus mir geholfen hat.
Ich bin so froh.
...

Jesus will nicht, dass alle Leute von der Heilung sprechen. Aber die Menschen sind so froh. Sie können es nicht für sich behalten und erzählen es überall weiter.

Lied **Effata, öffne dich**

Text und Musik: Franz Kett. Aus: Religionspädagogische Praxis. Handreichung für elementare Religionspädagogik, 1987. Nr. IV. Alle Rechte bei RPA Verlag, Landshut

Einführung

zu einem weiterführenden Gespräch: In der Geschichte wird uns erzählt, dass Jesus hilft und heilt. Jesus geht nicht vorbei. Er geht auf den Taubstummen zu und hilft ihm. (Jetzt folgt ein Element aus der katholischen Taufliturgie.) Wenn ein Kind (in der katholischen Kirche) getauft wird, spricht der Pfarrer zu ihm die Worte Jesu aus unserer Geschichte: Effata, öffne dich, jetzt spricht dich Jesus an, damit du das Wort Gottes hörst und es weitererzählen kannst.

Es schließt sich ein Gespräch über die Bedeutung dieser Worte bei der Taufe an:

- Menschen hören oft nur das, was sie hören wollen, sie sind für manches taub (dazu fallen den Kindern viele Beispiele ein!)
- Offenheit für Gottes Wort
- sensibel werden, genau hinhören lernen
- hören, was entscheidend im Leben ist
- bereit werden, das weiterzugeben, was mir geschenkt ist
- von Gott erzählen, auf Gott hören und mit Gott sprechen lernen …

Lied mit Gesten **Gib uns Ohren, die hören…** *(siehe Seite 41)*

ABSCHLUSS IN DER GRUPPE

Auf die Namenskarte wird ein Ohr und ein Mund gezeichnet.

Miteinander Wege gehen (Außenerfahrungen)

Die Kinder machen einen Spaziergang zum Wald (oder auf die Wiese). An einem schönen Platz erzählt die Leitung (oder liest vor) die Geschichte vom Hören. Benötigt wird ein Beutel mit Geldmünzen, eine (Indianer-)Feder und das Geräusch einer Grille (Geräuschdose aus dem Spielwarenladen).

Eine Geschichte vom Hören

Ein Indianer verlässt sein Reservat, um einen weißen Freund in New York zu besuchen. Es ist für den Indianer das erste Mal, dass er eine Stadt von dieser Größe betritt. Das Lärmen und Tosen, die Menschenmasse, ihr Hasten und Eilen sind für ihn ungewohnt, befremdend, beunruhigend.

Eines Tages unternimmt der Indianer zusammen mit seinem weißen Freund einen Spaziergang in der Stadt. Plötzlich bleibt der Indianer stehen. Er verharrt regungslos und lauscht. „Was hörst du?", will der Weiße wissen. „Ich höre eine Grille zirpen", gibt der Indianer zur Antwort. „Eine Grille? Du träumst", meint sein weißer Freund. Da geht sein Freund zielstrebig auf ein Gewächs, auf einen wilden Wein zu, der sich an einer Hausmauer emporrankt. Er biegt behutsam einige Blätter der Weinrebe auseinander und – tatsächlich – eine Grille wird sichtbar. Der Weiße ist erstaunt. „Indianer haben eben ein feineres Ohr als wir," erklärt er. „Du irrst", sagt der Indianer. „Ich will es dir beweisen." Bei diesen Worten zieht er sein Geldsäckchen aus der Tasche und wirft es auf den Boden. Da bleiben mitten im Getöse der Stadt Menschen stehen. Mit ihren Blicken suchen sie den Boden ab. Einer entdeckt das Geldsäckchen, hebt es auf und nimmt es zu sich. „Siehst du", sagt der Indianer, wie gut die Menschen hören. Jeder hört, was er hören will, worauf sein Herz gerichtet ist.

Frederik Hetmann, Geräusche der Grille, Geräusche des Geldes, aus: Hans Joachim Gelberg (Hrsg.), Geh und spiel mit dem Riesen, Tb,

Abschlusslied **Wer begleitet uns auf allen unsren Wegen?** *(siehe Seite 80)*

VIERTE EINHEIT: TAUFGOTTESDIENST

Die letzte Einheit ist die Mitfeier eines Gottesdienstes mit Taufe. Als Vorbereitung soll nichts Neues mehr eingeführt werden. Kann keine Taufe gefeiert werden, soll der Gottesdienst den Charakter einer Tauferinnerung erhalten. Aus den gelernten Liedern werden einige für die Taufe ausgewählt und wiederholt.

Liedvorschläge

- In Gottes Hand, da ist es gut …
- vor der Lesung/Evangelium: Gib uns Ohren, die hören
- Wer begleitet uns auf allen unsren Wegen

Bibeltext

Als biblischer Text wird einer der erarbeiten Texte gelesen. Dazu bringen die Kinder ihre erarbeiteten Gedanken, Gestaltungen … mit ein. Je nach Evangelium bzw. Lesung wird die entsprechende Mittegestaltung aus der Gruppenarbeit vor dem Altar auf dem Boden aufgebaut. Im Gespräch werden die wesentlichen Punkte noch einmal benannt und vom Taufspender (oder einer Leitungsperson aus der Kinderbibelwoche) im Gespräch vertieft.

Fürbitten

werden mit den Kindern gemeinsam erarbeitet.

Kerzenritus

Alle Kinder dürfen zur Taufe ihre eigene Taufkerze (als Tauferinnerung) mitbringen. Kinder, die nicht getauft sind und auch in diesem Gottesdienst nicht getauft werden, erhalten eine kleine Kerze. Die Kerzen werden an der Taufkerze des neu getauften Kindes bzw. der Osterkerze entzündet.

CHECKLISTE MATERIAL

1. Einheit:

- ✔ Kärtchen in zarten Farben aus festem Fotokarton, auf dem der Taufstein der Kirche zu sehen ist
- ✔ Locher und Band/reißfeste Wolle
- ✔ alternativ: Wäscheklammer und Heißklebepistole
- ✔ schwarzes und gelbes Tuch
- ✔ Orff'sche Instrumente
- ✔ Legematerial, vornehmlich gelbe Teile
- ✔ Teelichter in Gläschen
- ✔ je nach Variante: Gläschen (s. o.) und schwarzes Seidenpapier, Klebstoff oder Kleister
- ✔ Taufkerzen der Kinder und kleine Kerzen
- ✔ Verzierwachs (für eventuelle Taufbewerber)

2. Einheit:

- ✔ Gummistiefel (für die Spielzeit am Wasser)
- ✔ leere Gläser mit Deckel
- ✔ Tücher für die Landschaftsgestaltung: blau, grün, braun, ocker
- ✔ Steine
- ✔ biblische Erzählfiguren: zwei Figuren und große Kerze (Jesuskerze)
- ✔ Legematerial (z. B. Tropfen aus Filz für das Wasser)

3. Einheit:

- ✔ Karten mit Begriffen für die Pantomime
- ✔ zwei biblische Erzählfiguren
- ✔ blaue Tücher (See), braune Tücher (Weg), Steine für den Weg
- ✔ kleines Tuch für den Taubstummen
- ✔ schwarze Tücher, Steine für die Mauer um den Taubstummen, gelbe Stoffstreifen
- ✔ Textblatt „Geschichte vom Hören“, Geldsäckchen, Indianerfeder

4. Einheit:

- ✔ Namensschilder der Kinder
- ✔ Taufkerzen bzw. andere Kerzen
- ✔ Material für die Bodengestaltung zum biblischen Text (s. entsprechende Einheit)

IN GOTTES HAND

Zwischen den Strophen Refrain nicht wiederholen, immer gleich 2. Klammer.

Text und Musik: Beate Brielmaier © bei der Autorin

Weitere Liedvorschläge

- Gib uns Ohren, die hören
- Ich habe einen Namen und ich bin getauft
- Begrüßungslied „Ich will dich begrüßen“
- Liedruf „Gottes Wort ist wie Licht in der Nacht“
- Liedruf „Ich bin das Licht der Welt“
- Effata, öffne dich

WER BEGLEITET UNS AUF ALLEN UNSREN WEGEN?

2. Wasser spendet Leben,
du hast es gegeben.
Pflanzen, Menschen, Tier,
alles kommt von dir.
Refrain

3. Salbe, sie ist fein,
darf ein König sein.
Ich bin ein Geschenk:
Immer daran denk!
Refrain

4. Gottes Wort gibt Kraft,
neues Leben schafft
für jeden neuen Tag:
Danke ich dir sag!
Refrain

5. Taufe feiern wir:
Eingetaucht in dir.
Quelle, Weg und Licht:
Du vergisst uns nicht!
Refrain

Text: Beate Brielmaier Musik: Markus Grohmann